パパになる前に知っておくべき11のこと

産後ケアリスト
川村美星［著者］
産婦人科医
川村明緒［監修］

GENTOSHA
幻冬舎 MC

はじめに

「妻に、何をしてあげたらいいのか分からない」

妊娠中や産後の妻をもつ男性でこんな悩みを抱える方は多いのではないでしょうか。妊娠も出産も、女性は実際に自分の体で経験するのに対し、男性には変化が起きません。だからこそ、

「やっと妊娠できたのに、妻がずっと落ち込んでいるのはなぜだろう」

「子どもはこんなにかわいいのに、なんで妻はあんなにイライラしているんだろう」

などと疑問に感じてしまいがちです。

しかし、「自分には妻の気持ちが分からないから」で済ませるのではなく、妊娠中や産後の母親の体や心にどんな変化が起きるのかを、しっかり知ってほしいのです。なぜなら、男性だけでなく、女性だって妊娠・出産に不安を感じているからです。特に初産の場合は何もかもが初めてで不安しかありません。その隣に寄り添い、支えになれるのは、ほかで

もないパートナーである夫だと、私は思っています。

もしも妻の変化に気づけなかったら……。

人口動態統計を基にした厚生労働省の調査で、驚くべき数字が明らかになりました。2015年から2016年の間で、妊娠中から出産後1年未満で死亡した妊産婦の数は357例。そのうち、自殺は102例と出産時の大量出血やがんなどを上回り、死因のトップだったのです。子どもを抱く母親は「幸せの象徴」としてとらえられる一方で、2年間で約100人もの母親が自ら命を絶つという悲しいことが起きているのです。

その最たる原因は「産後うつ」にあるのではないかといわれています。

今から数十年前の日本では、大勢で一人の子どもの面倒を見るのが当たり前でした。親子三世代で同居をしているのはもちろん、近所付き合いも濃く、「母親」として豊富な経験をもつ女性が周りにたくさんいたのです。何かあれば交代で子どもを見てもらえるので産後の母親はしっかりと養生でき、心配なことがあれば誰かしらが相談に乗ってくれました。

しかし、現在は核家族化が進んだことで、産後すぐから夫婦だけで子育てを始める世帯が増えています。それなのに育児休暇を取得するのはほとんどが母親である女性だけです。そのため、日中は妻がいわゆる「ワンオペ育児」をするしかないという家庭がほとんどです。身近に相談する相手がおらず、育児の悩みを解消する情報源はインターネットのみです。インターネットはすぐに情報収集ができ便利ですが、信じ過ぎてしまうと、根拠が不明瞭な情報に踊らされてしまう可能性もあります。また、女性の社会進出により晩婚化が進み、出産した女性の親が高齢で育児のサポートができないというケースも多く見られるようになりました。

これにより「孤立感」を募らせてしまった母親たちが思い詰め、「産後うつ」を発症し、最悪の場合「死」を選択してしまう結果になっているのです。もし「産後うつ」にかかる手前で周りの誰かが手を差し伸べることができたなら、いったいどれほどの母親を救うことができたでしょう。

私自身、父の代から六十余年続く産婦人科医院で、さまざまな「孤立感」を抱えた母親たちと関わってきました。

「夫の帰宅が遅くて毎日孤独で、一分一秒でも早く家に帰って来てほしい。一人でずっと子どもを見ているのはつらい。決して子どもがかわいくないわけではないのに、自分が置かれた状況から逃げ出したいとか、こんな母親失格の私は消えたほうがいいとか、ネガティブなことばかり考えてしまう」

「一日中子どもといて、気づけば、何日も大人とまともな会話をしていない。とにかく、孤独でおかしくなりそう」

私は、こんな思いを抱える母親を救いたいと考え、2016年に一般社団法人日本産後ケア協会の認定資格である「産後ケアリスト」の資格を取得しました。産後ケアリストとは、産後ママの心身をサポートする仕事です。翌年、「ママの悩みとそれを解決に導く専門家との『橋渡し役』」という産後ケアリストとしての最も重要な役割を果たすために、産婦人科医院内に「産後ケアセンター」を併設し、本格的に産後の母親たちのサポートに力を入れるようになりました。

産後うつを発症しかかっている方が当センターに入院し、心身ともに休養を取ることにより、ほとんどの方はうつが改善され、症状も軽くなっていきます。

しかし、いったんは症状が軽くなっても、時間が経つとまたうつの症状が出てきてしまう方もなかにはいらっしゃいます。そういう母親たちによくよく事情を聞いてみると、そのほとんどが夫の配慮に欠けた言動によって、うつが再燃してしまっているのです。そのため、うつの根源を絶つためには、母親だけと話をしても不十分で、夫にこの状況を把握してもらうことが不可欠です。妊娠や出産についてある程度の知識がある夫をもつ女性のほうが、産後うつになりにくく、それだけ、夫をはじめとするパートナーの存在は重要なのです。

本書は、まさに今、妊娠・出産を控えている妻をもつ夫やパートナーにこそ読んでいただきたい一冊です。どんなことに気をつけるべきなのか、どう声を掛けるべきなのか。あるいは、やってはいけないことはなんなのか……。実際に私が産後にケアをしてきた女性たちの事例を交えて分かりやすく解説しています。そして具体的に対処の方法を「傾向と対策」として示していますので、困ったときにぜひ役立ててほしいと思います。

夫が妻の現状を知ったうえで接することで、多くの母親が救われるはずだと私は信じています。みんな、誰かに分かってもらいたいのです。どうか、子どもを育てる喜びも大変さも、すべて夫婦で分かち合えますように。どうか、一つでも多くの家庭に幸せな未来が訪れますように。

この思いが、あなたに届くことを願っています。

川村美星

パパになる前に知っておくべき11のこと　目次

［第4章］　こんなときどうする？　イケてるパパになるための傾向と対策

［第1章］

初めての妊娠・出産。妻が抱える不安――

10カ月の理想と現実

妊娠期間を「十月十日《とつきとおか》」と表すように、妊娠から出産までの期間は約10カ月です。自分とは別の生命をおなかに宿し、10カ月もの間何事もなく笑顔で過ごすのは想像を絶するほどハードなことなのに、なぜだか世間では「妊娠中の女性は常に幸せに満ちている」と思われがちです。もちろん個人差があるので、毎日ハッピーな状態で妊娠期間を過ごしたという人もなかにはいるでしょう。しかし、ほとんどの場合は10カ月の間にたくさんの危機や問題にぶち当たります。

例えば、待ちに待った小さな生命がおなかに宿ったと分かった瞬間は、飛び上がるほどうれしいはずです。「早く周りに伝えたい！」とはしゃぎたくなる気持ちもよく分かります。しかし、妊娠が分かっても早く伝え過ぎると流産をしてしまったときにつらいため、「安定期」（赤ちゃんの発育が安定する妊娠16週ごろ）に入るまでは周りに報告しないという人がほとんど。このように、心から喜びたい一方で安定期までを不安な気持ちで過ごす女性が多いのが現実なのです。妊娠をした誰しもが、出産までスムーズに進めるわけではなく、いろいろな条件をクリアした結果、生命が誕生する――いわば、妊娠・出産は大げさではなく、奇跡に近いということを、ぜひ知ってほしいと思います。

では、安定期に入ったらようやく安心して周りに報告できるのかというと、必ずしもそうではありません。仕事をしている女性のなかには「職場に妊娠を伝えたらあからさまに嫌な顔をされた」と言う人が意外といます。産休・育休を申請したときに「おめでとう」よりも先に「仕事はどうするの?」「あなたが任されているプロジェクトは誰が引き継ぐの?」などと上司から言われる人もいるそうです。「出産による休暇をもらうのは会社員の権利なんだから堂々としたらいいのに」と思うかもしれませんが、現実はそう簡単ではないのです。

そのうえ、つわりのつらさも加わります。人によって違いはありますが、相当数の妊婦がこのつわりに悩まされるのです。しかし、経験のない男性には、そのつらさを分かってもらえません。

また、ようやくつわりも収まり、妊娠期間を楽しめるようになったかと思えば、今度は体の変化により、思いどおりにならないことが増えます。少し歩くだけでおなかが張ってしまうので長距離移動ができない、どんなに寝ても日中は強烈な睡魔に襲われてしまう、大きくなった胎児が膀胱《ぼうこう》を圧迫するのでトイレが近くなってしまうなど、いろいろな不具合が行く手を阻むようになります。

特に妊娠すると「プロゲステロン」というホルモンが多く分泌されることで、体がだるくなったり眠くなったりしやすいものです。本当はおなかの中の赤ちゃんに話し掛けて幸せなマタニティライフを送りたいのに、現実はそれどころではないということがよくあります。

そして、いつも思っていること、それはおなかの赤ちゃんが元気かどうかということです。その心配は頭から離れることはありません。それだけでも相当なストレスです。

さらに、出産予定日を迎えるその日まで不安は続きます。妊娠中には生命に関わるような病気もあり、日々妊娠の経過に気を配らなければなりません。気をつけていても切迫早産になってしまう方も少なからずいらっしゃいます。それに加えて、2人目以上の出産の場合は、自分が入院している間、上の子の面倒はどうするか、保育園の送迎など、入院中の段取りまで考える必要が出てきます。

このように妊娠中のママは、誰しもが絵に描いたような幸せな姿をしているわけではありません。たくさんの悩みと向き合い、解決するために10カ月間を乗り越えようと頑張っています。

おなかの中にいるのは、夫婦「二人」の大切な赤ちゃんのはずです。ぜひ、その期間の楽しみだけでなく、つらさやノルマも二人で分かち合ってほしいのです。

妊娠中に離婚を考える妻たち

もしもママの不安を理解できないまま過ごしているとどうなってしまうのでしょうか。実は妊娠中こそ離婚の原因が生まれやすいといわれています。

その最たる理由が「夫が妊娠を他人事だと思っているように感じる」というものです。

雪印ビーンスターク株式会社の調査によると「妊娠前よりも夫婦仲が悪くなった」「どちらかといえば、妊娠前よりも夫婦仲が悪くなった」と答えた人の約6割が、そのきっかけについて「つわりでつらいのに理解してもらえなかった」と言っています。ついで「家事を手伝ってくれなかった」49・4％、「上の子どもの世話をしてくれなかった（2人目以降の妊娠時）」44・2％という結果になっています。つまり、多くの女性は突然の体の変化に対するつらさを理解してもらえなかったことと、なにより理解してアクションを起こしてくれなかったことを、出産後もずっと引きずっているのです。

妊娠中、女性の体にはさまざまな変化が起こります。個人差はあるものの、なかでも「つわり」は非常に大変です。食事ができずに1カ月で5kg以上体重が減ってしまう人もいますし、重症の場合、入院せざるを得ないケースもあります。にもかかわらず、経験をしたことのない男性はつい「たいしたことない」「寝ていたら治るだろう」と考えがちです。つわりのつらさを言葉で表現するのは難しいですが、寝ても覚めても倦怠感から抜け出せないといったらいいでしょうか……。

また、おなかに子どもを宿すと、思っている以上に体力を消耗します。最近の産婦人科の「パパママ教室」では、パパに5～7kgほどの重りを付けたジャケットを着せて「妊娠疑似体験」をしてもらうところが増えています。ほとんどの男性は予想以上の重さに驚きますが、妊娠中の女性はその状態で日常生活を送っているのです。

それなのに「つわりくらいで神経質になり過ぎだよ」「家にいるんだから、家事は頼んだよ」なんて言われたら、ふと「離婚」の文字が頭をよぎるのも、無理はありません。

実は〝あるある〟夫の実家とのトラブル

妊娠中のママが離婚を考える瞬間は、まだまだあります。

例えば、あなたは「うちの奥さんは自分の両親と仲が良いから安心だ」と、思っていませんか。「帰省するたびに二人で仲良さそうに話しているし、世間でいわれているようなトラブルとはまったくの無縁だ」と、安心しきっていないでしょうか。

実は、妊娠・出産時の夫の実家とのトラブルは多く、パパの対応次第で「離婚したい」と感じる人と「結婚して良かった」と感じる人はきれいに二つに分かれるのです。

出産間近、陣痛で苦しんでいる姿はできればあまり見られたくありません。個人差はありますが、人によっては「気絶するかと思った」というほど、その痛みは耐え難いものです。そんなときに、突然夫の両親が来たらどうでしょうか。どんなに仲が良かったとしても、自分が痛みにもがき苦しんでいるところを見られて平常でいられる人はほとんどいないはずです。それなのに「うちの親も応援したいって言っているから」と言って、陣痛の最中に自分の両親を呼んでしまうパパは意外といます。もしもママのほうから「お義母さんがいたほうが頑張れる気がするから呼んでほしい」と言えば話は別ですが、そうでない限りは、パパ以外の応援はよこさないに越したことはありません。

また、入院中のお見舞いにも気をつける必要があります。私自身、出産後のママからよく相談されるのが「夫側の両親が毎日のように病院に来て、気が休まらない」というものです。入院中は、決してずっとベッドの上にいるわけではありません。赤ちゃんの沐浴《もくよく》の指導を受けたり、昼夜問わず3時間ごとの授乳をしたりと、結構忙しいのです。ようやく少し時間ができて、赤ちゃんが寝たから自分も横になろうというときにお姑さんが訪問してきたらどうでしょうか。夫の両親も孫の誕生を喜んでくれていることが分かるだけに、さすがに「今から寝るので帰ってください」などと言えるはずがありません。こうして、どんどんママのストレスが蓄積されていくのです。

そんなときは、まずパパのほうから「病院の都合もあるから、お見舞いに行きたいときは何時頃になりそうかをまずは俺に連絡して」と、自分の親に伝えるとよいでしょう。当然のことながら、絶対に「毎日のように来られると休めないし、疲れて大変みたいだから」なんて、本当のことを言ってはいけません。関係性がこじれないよう、夫であるあなたが、クッションの役割を果たしてあげることが重要なのです。

さらに退院をしてからしばらくは、ママの体を休める必要があります。このときに「大変だろうから、手伝ってもらうために俺のお母さんを呼んでおいたよ」と、なんの相談もなしに行動してしまうのもよくありません。

もちろん、どの行動にも悪気はまったくなく、本当に良かれと思ってやっているのでしょう。仲が良いからきっとママの支えになるだろうと思って、パパなりに気を利かせた行動なのでしょう。そんな頑張りは十分に伝わるのですが、悲しいことに、当のママには「どうして私に何も言わずに勝手に決めちゃうの⁉」「どうしてただでさえ大変なときに、あなたの親にまで気を使わないといけないの⁉」と思われてしまうのです。

もしも両親から「手伝いに行きたいんだけど」と言われたとしても、まずはママの意見を聞くようにしましょう。そして、もしもママが「気持ちはうれしいけど、来てもらったら逆に気を使ってしまうから……」と本音を言った場合には、素直に受け止めてあげてください。そして、難しいかもしれませんが波風が立たないように、間に立ってあげてほしいのです。

また、最近では実の親と不仲のママも増えています。誰しもが、実の親だったら手伝いに来てほしいと思っているわけではありません。

産後ケアの精神科医師によるセミナーで聞いたのですが、産後うつの原因の一つに「実母との不仲」が挙げられるそうなのです。ただでさえ出産で疲れているママに余計なストレスを掛けてしまわないよう、パパに防波堤になってほしいのです。

「そんなところにまで気を配る必要があるの⁉」

と、納得できない人もいるかもしれません。ですが、出産直後は特に大切な時期です。

この時期、ママを守れるのはパパだけです。まずはどうしてほしいと思っているのかをママからしっかりと聞き、理解するところから始めましょう。

妻の愛情が続くかは夫次第？

「永遠の愛を誓い合って結婚したのに、妊娠中のちょっとした言動だけで離婚まで考えるなんて、さすがに大げさなのでは？」あるいは、「赤ちゃんが産まれたら妊娠中のモヤモヤは解消されて夫婦仲が戻るのでは？」と思う人もいるかもしれません。しかし、厚生労働省の「全国ひとり親世帯等調査結果報告（2016年）」によると、全体の約4割は子どもが0～2歳のときに母子家庭になっていることが分かります（図表1）。

これは、妊娠中に夫婦仲が悪くなったまま出産を迎え、さらに夫婦間に溝ができてしまった結果ではないかと思います。

それを裏付ける数字が、ベネッセ次世代育成研究所が288組の妊娠中のカップルを対象に4年間追跡した調査報告書に挙がっています（図表2）。

なんと、男女ともに全体の74・3％は妊娠当初「配偶者といると本当に愛していると実感する」と答えていたにもかかわらず、子どもが成長するにつれてその割合はどんどん下がっているのです。特に「妊娠期」から「0歳児期」までの下がり方は顕著です。いかに、出産後1年目に大きな変化が起きているかが分かります。

後述しますが、妊娠中、または産後の女性はホルモンバランスが崩れやすく、肉体的にも精神的にも、まるでガラスのようにもろくなっています。普段は笑って聞き流せるような言葉や行動でさえも深い傷になりやすいので、その期間に負ったダメージが原因で離婚を決意するということは、十分に考えられるのです。

「パパだって頑張ろうとしているのに、なんでいつも悪者にされてしまうんだろう」

そんな声が聞こえてきそうです。特に今こうして私の本を手に取ってくださっている方は「ママのために何ができるか」を精いっぱい考えている方でしょうから、きっと努力されているのだと思います。とてもすばらしいことです。

しかし一方で、妊娠・出産に対して夫に実感が湧かないのは仕方のないことだとも、私は思っています。自分が経験していないものに対し「想像力を働かせて、どうしたら相手が喜ぶのかを考えましょう」なんて言われても無理な話でしょう。

では、どうすればいいのか。それは経験者やデータから学ぶことです。妊娠とはどういうものなのか。妊娠・出産を通し、精神面にはどんな影響が出るのか。ママは、どんなことに対して不安を感じているのか。それらを「学んで理解する」ことに尽きます。「理解」ができれば、ママが何を求めているのかが自ずと見えてくるはずです。完璧に理解できな

[図表1] 母子家庭になった時の子ども(末子)の年齢別状況

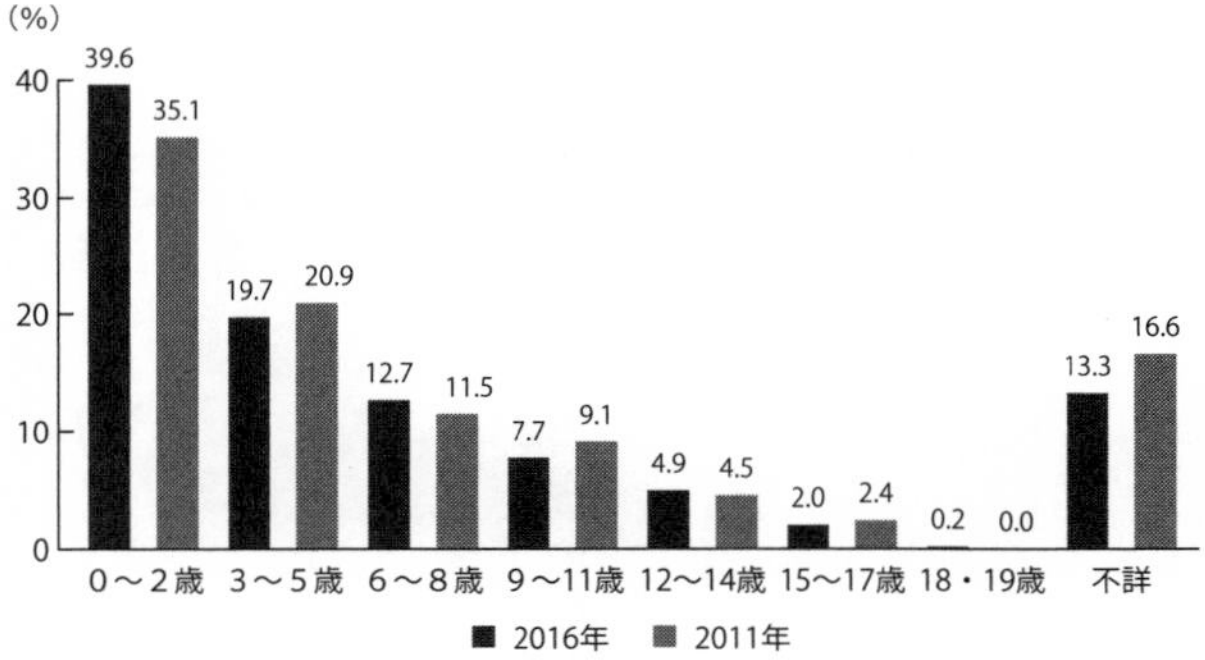

※死別を原因とした母子家庭の方は除く

出典：厚生労働省「全国ひとり親世帯等調査結果報告」より

[図表2] 第1子出産後の夫婦の愛情の変化

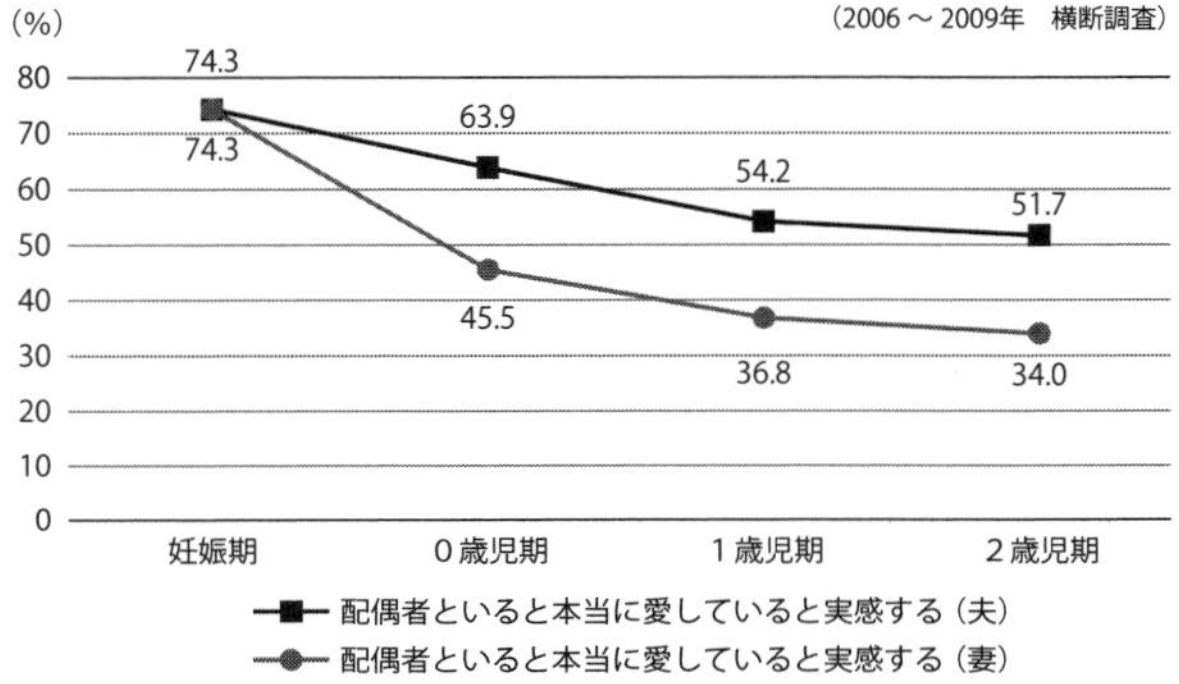

出典：ベネッセ次世代育成研究所「第1回妊娠出産子育て基本調査・フォローアップ調査」より

くても、共感してくれることがママはうれしいのです。

では具体的に何に気をつけたらいいのか、次の章ではパパが知っておくべき11のことを紹介していきます。

［第2章］

幸せな家族になるために パパが知っておくべき11のこと

イクメンは死語？

数年前と比べると、育児の現場において、パパの存在感が大きくなっているのを感じます。「イクメン（育メン）」というワードがユーキャン新語・流行語大賞のトップ10に入ったのは、2010年のことで、当時は「イクメン」を名乗る男性がたくさん増え、これでようやく男性も家事・育児の場に出てきやすくなったように思えました。

ところが2021年の現在、「イクメン」という言葉にネガティブな感情を抱く女性が増えています。「パパが子育てに参加するのは当たり前なのに、なんでパパだけ特別なワードで褒められるのか分からない」「イクメンを自称する人ほど、うわべだけの子育てしかやっていなくて、奥さんから疎まれていそう」など、もはや「イクメン」は死語になりつつあります。

確かに子育てを頑張っているママには、特別な呼称はありません。つまり、あえてそうした呼称ができるのは「本来そこにいなくてもいい人」という考え方があるからではないでしょうか。そう考えると「イクメン」が死語になっているのは良い傾向のように思います。パパが家事や子育てをするのは、もはや当たり前の光景になっているからです。

しかし、とはいえ令和の時代に求められる「理想の夫像」がなんなのか分からないパパが多いのも事実でしょう。

「自分は大丈夫だろうか」と胸に手を当てて聞いてみたところで、「理想の夫」の定義がなんなのかが明確でなければ、目指しようがないのです。


私が思う「理想の夫」は、ママに寄り添ってくれる人です。どうすれば家族が幸せになれるかを理解しようとする、すなわちママの気持ちにできるだけ近づこうとする人こそ、今の時代に求められる夫なのではないでしょうか。

ここからは、理想の夫に近づくために「パパになる前に知っておくべきこと」を11項目に分けてお伝えします。

①つわりを「甘え」と言わないで

第1章では妊娠中の不仲の原因1位に「つわり時の夫の態度」が挙げられていることを

お伝えしました。しかし、そうはいってもつわりのつらさは体験した人にしかなかなか分かりません。だからこそ「ちょっと気持ち悪いだけなんじゃないのか」と、つい思ってしまうのです。

なぜ妊娠をするとつわりが起きるのでしょうか。実は、科学的にはまだ理由が解明されていません。妊娠によって分泌量が増えたｈＣＧホルモンが関係している、精神的ストレスが引き起こしているなど、さまざまな説が考えられますが明確な原因は明らかになっていないのです。

ですから、どうすれば解消されるのか、あるいはつわりを回避できるのかといった確かな対処法も存在しません。つまり、徐々に症状が軽減されるまでひたすら耐え忍ぶしかないのです。

一般的に、つわりは妊娠初期から始まり、12～16週ごろで治まるといわれていますが、まったく症状の出ない人もいるかと思えば、人によっては出産間近まで長引く場合もありますし、症状や程度は個人差が大きいといわれています。

男性は、重い二日酔いが約1カ月続く様子を想像してみましょう。寝ていても胃がムカムカして水を飲んでも吐いてしまう、何度吐き出しても一向にすっきりしない状態が、ずっと続くのです。しかも症状がいつ治まるのか、誰にも分からないという状況を耐え続けなければなりません。これが妊娠中のつわりで苦しむママたちの日常なのです。

そんなときに「具合が悪いくらいで、ちょっとオーバーだよ」「いつまで寝ているの？」などと言われたら怒りも湧いてくるでしょう。つわりは「甘え」ではなく、本当につらいものなのです。

もしも嘔吐を繰り返して水さえ飲めずに尿の量が減ってしまったり、数日の間に急激に体重が減ったりした場合は「妊娠悪阻《おそ》」という病気の診断が下ります。こうなると栄養が赤ちゃんに運ばれなくなる可能性もあるので、点滴治療が必要です。つわりを甘く見てはいけないのです。

また、つわりは自分ではコントロールできません。ですから、ママが一日中横になって寝込んでいたとしても決してあきれるのではなく「大変だね、つらいんだね」と、寄り添ってあげてください。そんな思いやりを感じるだけで、少し落ちつくはずです。

さらに、つわりには「吐く」だけではなく、常に何かを口に入れていないと気持ち悪くなってしまう「食べづわり」という場合もあります。もちろん、食べ過ぎで体重が極端に増えてしまうのも問題ですが、もしも「食べづわり」の症状が見られた場合には「調子に乗って食べ過ぎだよ」なんて、冗談でも言わないでください。軽はずみな言葉は、剣のように心に深く突き刺さります。ママも突然の体の変化に戸惑っているはずですから、あなたも「今、妻の体にはどんなことが起きているのか」を、一緒に勉強してみてください。たとえ分からなかったとしても「僕には分からないけれど、とってもつらいんだろうね」と言葉を掛けるだけでママは安心できます。

②妊娠中のママは1秒も気が休まらない

妊娠中は体の異常が起きやすいものです。無事に安定期を迎えたとしても、また、定期的に健診を受けていたとしても、産まれるまでは何が起きるか分かりません。それほど妊娠中のトラブルはたくさんあるのです。

例えば「いつもよりおなかが張るけど、こんなものかな」と思って我慢をした結果、実は母体や赤ちゃんがSOSを出していたというのはよく見られるケースです。そのため、どんなに些細なことでも、いつもと違う体の変化があった場合、自己判断をしてはいけません。

異常の兆候としては次のようなものが考えられます。

・出血
・おなかの張り、痛み
・破水感
・胎動の減少または消失
・急激な体重増加・急激なむくみ
・おりものの異常
・ひどい頭痛やめまい（目がチカチカする感じ）
・呼吸困難感

（※産後ケアリスト認定講座公式テキストより抜粋）

もしもママがこんな症状を訴えた場合には「気のせいじゃない?」「もう少し様子を見ようか」といった軽い一言で済ませるのではなく、しっかりと話を聞き、受診を促しましょう。

もちろん、なんらかの異常が出たからといって、それは誰のせいでもありません。むしろ、何事もなく出産を迎える人のほうが少なく、なにかしらのトラブルが起きるのは仕方のないことなのです。それほど、妊娠中の女性の体はデリケートで、リスクと隣り合わせだということです。

例えば、妊婦の20人に1人が発症するといわれる「妊娠高血圧症候群」は主に妊娠8カ月以降の後期に出やすいとされています。一度発症すると出産までに完治することはなく、重症化しないようにコントロールするしかありません。もしも重症化してしまった場合は赤ちゃんが十分に発育しないだけではなく、最悪の場合、母子ともに命を落としてしまう危険な合併症を引き起こすことも考えられるのです。

対策としては、規則正しくストレスをためないように生活をすること、適度な運動と栄養バランスの良い食事を摂ることが考えられます。特に塩分の摂り過ぎには気をつけましょう。ラーメンのスープを飲み干すなんてもってのほかです。

もしもママが「目がチカチカする」など、いつもと違う様子を訴えてきた場合は、重い合併症の前兆である可能性もあるので、早急に医療機関を受診してください。

さらに、これまではまったく何もなかったのに、妊娠を機に血糖値が高くなる「妊娠糖尿病」というものもあります。おなかの中にいる赤ちゃんが大きく育ち過ぎたり、逆に育ちにくくなったり、また、出産後に赤ちゃんが低血糖を起こす危険もある、怖い病気です。

もちろん、ママはこうならないために自分の食生活に気を配っています。しかし、どれだけ気をつけても不測の事態は起こり得ます。

例えば、赤ちゃんは妊娠37週から41週までのいわゆる「正期産」と呼ばれる期間に産まれるのですが、なかには妊娠37週未満で赤ちゃんが産まれてしまうこともあります。このように、妊娠22週以降37週未満で分娩することを「早産」といい、あまりにも早く産まれてしまう場合は赤ちゃんに後遺症が出る可能性も考えられるのです。そのため、下腹部に痛みを感じたり、出血をしたり、おなかが規則的に張る感じがある場合は、病院に早めに連絡しましょう。

このように、何かが起きた場合に慌てないためにも、妊娠中に起こる可能性がある事態をできる限り知っておくと心の準備ができるでしょう。そうすることで、ママの相談に乗ってあげることができます。

ママと赤ちゃんの命を守るためにもどうか知識を得て、ママのわずかな変化を見逃さないようにしてください。

③妊娠をした女性の10人に1人が悲しい経験をしている

この本を手に取った方の多くは、これから赤ちゃんを迎え入れようとしていることと思います。その方に向けてこのテーマをお話しするのは心苦しいですが、大切なことなのでお伝えします。

先ほど妊娠中のトラブルをいくつか紹介したように、妊娠・出産は何が起きるか誰にも分かりません。誤解を恐れずにいうならば、妊娠をしたからといって誰もが赤ちゃんを産めるとは限らないのです。

日本産婦人科学会によると、医療機関で確認された妊娠の10~15%が流産になるという報告があります。それほど多くの女性が流産を経験しているのです。

「そうはいっても、周りでそんな話を聞いたことがない」と、思われる方もいるかもしれません。それはおそらく、傷が癒えずに周りに話すことができない人がほとんどだからでしょう。流産を経験した人のなかには「義母に伝えたときに、短いスカートをはいて体を冷やしたからだと言われたことがあります。お医者さんは絶対にそんな理由で流産することはあり得ないと言っているのに、義母は私が原因だと言い張っていました。それ以来、ほかの人からも『お前が悪い』と思われるかもしれないと考えてしまって、流産の話は誰にもしていません」と涙ながらに話す人もいました。このように、表に出ていないだけで、さまざまな理由から流産したことを自分のなかだけに秘めている人はたくさんいます。

そして、先ほどの義母のように「母親が遅くまで仕事をしていたからだ」「妊娠に気づかずにあんなものを食べたからだ」などと、ママを責めるようなことをつい言ってしまう人が時々いますが、どうかそれだけはやめてください。流産の原因はさまざまですが、最も多いのは受精卵の異常で、受精をした瞬間から運命が決まっているとも言い換えられます。ですから、ママの行動が原因で流産をすることはほとんどあり得ないのです。おなかに強い衝撃を与えるといった外的要因を除いては、流産を意図的に避けるのは非常に難しいともいえます。

また、こうした流産は妊娠初期に多く、出血や下腹部痛で気づくことがありますが、なかには妊娠中期以降でもなんの症状もなく、診察をして初めて赤ちゃんの心臓が止まっていたことが分かるケースもあります。この場合、ママの受ける衝撃は計り知れないものがあります。「昨晩までは元気におなかを蹴っていたのに……。何が悪かったんですか？」と涙を流されますが、原因の特定ができないことが多いのです。

そして、多くのママは自分のせいだと自分を責めます。こういうときこそ、パパはママに静かに寄り添ってあげてください。「原因探し」などは不要なのです。

「流産するかもしれない……」と常に考えていると暗い気持ちになってしまいますが、こういうこともあり得るのだということは常に頭のなかに入れておきましょう。

④スイカを抱えて生活？

一般的に、臨月になると赤ちゃんの体重は約3kg、胎盤は約400～500gにまで大きくなるといわれています。さらに羊水も加わるので、おなかだけで普段より約５kgもプラスになっています。

歩くときも食事をするときも買い物に行くときもお風呂に入るときも、常にこの状態でいることは、想像している以上にハードです。スイカ１玉が５kgほどといわれていますから、ぜひ、スイカを常に抱えて生活をする様子をイメージしてみてください。地面に落ちたものを拾いたくてもおなかがつっかえてうまく動けない、ちょっと歩くだけですぐに息切れするなど、生活しづらいことだらけです。

もし、ママが「ちょっと疲れたから休憩したい」と言ったら、迷わずその時間を取ってあげてください。もし、ママが「おなかが重くて腰が痛い」と言ったら「それだけ赤ちゃんが大きくなったら大変だよね。いつもありがとう」と、声を掛けてあげてください。それだけで「パパはこの大変さを分かってくれるんだ」と思うはずです。

⑤赤ちゃんはすぐには産まれない

陣痛の痛みは、赤ちゃんが産まれる知らせです。しかし、だからといって「あと〇分ですよ」という明確な時間は誰にも分かりません。すぐに産まれる人もいれば、そこから2日、3日かかる人もいます。

実は、分娩（出産）と一口にいっても段階があるのです。そして、その段階ごとにママの体にはさまざまな変化が起きています。一つひとつ見ていきましょう。

●分娩第一期（開口期前半）

初産の場合、通常は陣痛の痛みが10分間隔になったら病院にまず連絡して、赤ちゃんの出口である「子宮口」の準備ができていたら、いよいよ入院となります。さらにこの間隔が3～4分とだんだん短くなってきたら第一期の合図です。このとき子宮の筋肉は収縮し、赤ちゃんが押し出されるようにして下がっていきます。こうすることで、子宮口がじわじわ開き始めるのです。

この頃の陣痛とは、のべつまくなしに痛いのではなく波があるのです。波が静まっているときには普通に会話もできますから、そのときはママとのコミュニケーションタイムです。何をしてほしいか、何が嫌なのか、ちゃんと聞いてあげてください。そのうえで、パパは腰をさすってあげたり、お水を飲ませてあげたりと、できるだけサポート役に回れるように頑張りましょう。

●分娩第一期（開口期後半）

いよいよ赤ちゃんが下がり始めます。

下腹部が引っ張り上げられるような感覚がどんどん強くなっていき、それとともに腰からおしりのほうにかけて非常に強い痛みを感じます。この頃になると2～3分ごとに陣痛がやってきて、ママのなかにはあまりの痛さに叫んでしまう人もいます。

なによりつらいのは「いきみ逃し」です。赤ちゃんがすぐそこまできているので、いきみたいと思っても、子宮口が全開になっていないといきんではいけないのです。

産院や担当の助産師さんによっていきみ逃しの方法はさまざまですから「どうすれば少しでも楽になりますか」と、尋ねてみるのもいいでしょう。

また、人によってはパパに触られるのも嫌だと言う人もいます。陣痛の波が来ているときは痛過ぎて、会話すらままならず「ちょっと話し掛けないで……」と言ってしまうママもいます。

あまりの妻の変わりように驚くかもしれませんが、それほど痛くて苦しいのです。どうか、ママも必死なので、このときばかりは何を言われても大目に見てあげてください。そのときにママが発したワガママな失言は忘れてあげてくださいね。

●分娩第二期（娩出期）

ついに赤ちゃんが子宮口をくぐり、骨盤内に深く入りこむことに成功します。ママの産道をゆっくりと下がっていき、いよいよすぐそこまでやってきています。

このときはすでに陣痛は2分間隔になっています。「思い切りいきんでいいよ！」との助産師さんの合図で、ついにクライマックスです。

しかし、一度や二度いきんだからといってすぐに産まれるわけではありません。もちろん一度いきんだだけで産まれてくることもありますが、ママと赤ちゃんがともに力を振り絞ってようやく、赤ちゃんが出てくることができます。

分娩は耐久レースのようなものだと思ってください。ママが陣痛を乗り切れるよう、パパは隣で気持ちを込めて声を掛けてあげてください。
パパの応援は耐久レースにおいて、かけがえのないチカラとなるのです。

こうした段階を経て、ようやく赤ちゃんは産まれてきます。ぜひ、シミュレーションをしながら、いざというときに何ができるのかを考えてみてください。

⑥立ち会い出産を乗り切るためには？

パパのなかには「血とか怖いし、ママが苦しむところを見るのは嫌だから」と、立ち会い出産を拒否する人がいます。しかし、当院を受診する妊婦さんの約8割は、パパの立ち会い出産を希望しているのです。ここには「頑張っている姿を見てほしい」「不安だから隣にいてほしい」というママの思いが隠れているのでしょう。そしてなにより、「新しい家族を両親そろって迎えてあげたい」という気持ちが強いのでしょう。どうか、ママが立ち会い出産を希望したら尻込みせずに、ぜひ命の誕生の瞬間を一緒に共有してください。夫婦にとって子育ての大切な第一歩になることでしょう。

ただし、立ち会い出産中のパパの振る舞いや言動は、パパが思っているよりもずっとママの心に残ります。痛みのなかでも意外とママはパパのことをよく見ているものです。例えばママが必死に陣痛の痛みに耐えているときに、横で寝ていたり、いよいよ産まれるというときにトイレに行っていたり、産まれた瞬間を撮ってほしかったのにカメラを忘れてしまったり……。パパにとっては「うっかり」でも、ママからすれば「人生で大事な瞬間を無下にされた」と思ってしまうものなのです。人によっては、子どもが成人して老後を迎えてもなお「あのときパパは……」と何かあるたびに思い出してしまうという話も聞きます。どうやらパパたちを見ていると、初めてのことだらけで冷静さを失ってしまい、緊張のあまりいろいろな失敗を起こしてしまう人が多いようなので、「こんな失敗をしないように気をつけよう」と頭のなかに入れておいてもらえると幸いです。

また、私が出会ったママのなかには「出産中の壮絶な姿は写真に残してほしくなかった」と言う人もいました。きっとパパは感動のあまり思わずシャッターを切ったのでしょうが、せっかくのパパの好意がムダになると残念ですね。そのためにも出産前に夫婦で「分娩時、どんなことをしてほしいか、してほしくないか」をしっかり話し合っておくと、こんなすれ違いは起きないでしょう。

さらに、最近は無痛分娩が日本でも浸透しているためか「自然分娩で産もうと思っていたけど、この痛みには耐えられない!! もう無痛分娩にして～」と陣痛の最中に予定を変更されるママもいます。そのときに「せっかくここまで頑張ったんだから、自然分娩で産もうよ」なんて声を掛けるパパも……。ママからすれば「頑張ってるのは私であって、あなたじゃないのよ」という気持ちでいっぱいでしょう。ここがポイントです！ しっかりとママの希望に寄り添ってあげると、出産後も良い記憶が残るはずです。

⑦産後のホルモンはまるでジェットコースター

大変だった妊娠期間を経て、無事出産。

待ちに待った赤ちゃんをようやくこの手に抱くことができ、夫婦とも幸せに――とは、なかなかいきません。妊娠中の女性はホルモンバランスが崩れて心がもろくなりやすいと先述しましたが、実は産後も同じような状況が待っているのです。

妊娠中の体内では胎盤から「エストロゲン」という女性ホルモンが大量に分泌され、母親になるための準備が始まります。その量は妊娠前の数百倍ともいわれています。

しかし、エストロゲンは出産すると同時に分泌量が急激に下がっていき、母乳を作るために欠かせないホルモン「プロラクチン」や「オキシトシン」が授乳や搾乳をするときに一気に高まります。このように、産後の女性のホルモンは減ったり増えたりと、まさに上昇と下降を繰り返すジェットコースターのような状態なのです。

こうした急激な変動によって「眠れない」「元気が出ない」「イライラする」「涙がわけもなく出る」といった症状が現れ、心が不安定になってしまう——これが、産後の気分障害「マタニティブルーズ」の正体です。

パパからすると「感情的になって、厄介だな」と感じるかもしれませんが、ママ自身も「まるで今までの私じゃないみたい」と経験したことのない心の葛藤に苦しんでいるのです。

例えばさっきまで笑顔だったのに、突然黙り込んだかと思うと今度はわんわん泣きだし、「何か嫌なことでもあった?」とパパが聞いても「なんで涙が出るのか自分でも分からない」と、ひたすら泣き続ける……なんてこともあります。「スーパーで買い物をしていても何をしていても涙が出てきてしまって、タオルが手放せないんです。別に悲しいことがあるわけでもないのに、どうしてこんなに涙が出るのか、自分でも分からなくて。私、どうかしちゃったんでしょうか」と言うママもいました。

実は産後の女性のうち約3割が、このように感情の起伏が激しくなるマタニティブルーズを経験するといわれているのです。涙が出るだけでなく、イライラしたり、落ち込んだりしてしまいます。ですから、もしもママに対して「今日はやけに怒りっぽいな」とか「こんなことくらいですぐに泣いて……」と思うようなことがあっても、すぐには口に出さず心のなかで「ホルモンの仕業か」と、まずひと呼吸おいてみてください。ママ自身も突然の変化に対応できずに戸惑っているのです。ここはひとつ、パパが冷静に対応することが夫婦の危機を救います。

それに、この状態は永遠に続くわけではありません。たいていは出産から2週間ほど経つと、女性の体は徐々に元の状態へと戻っていき、ホルモンが安定します。しばらくすれば元のママに戻りますから、それまではどうかパパも少しガマンしてあげてください。

ただし、2週間ほど経っても状況が変わらない、あるいは悪化している場合はすぐに医療機関を受診しましょう。もしかしたら「産後うつ」になっているかもしれません。詳しくは第3章で触れますが、「産後うつ」は軽視していると命に関わるので注意が必要です。

⑧周りがみんな敵に見える

先ほど、出産を機に増えるホルモンとして「オキシトシン」の名前を出しました。オキシトシンは別名「愛情ホルモン」または「幸せホルモン」といって、赤ちゃんに授乳をしたり、パートナーと肌が触れ合ったりすることで上昇します。いわばオキシトシンは愛情を深めてくれるものです。ところが、このオキシトシンは同時に「攻撃性」を高める作用もあることが分かっています。

野生動物のメスが赤ちゃんを守るために外敵に対し「ガルガル」と威嚇をし、指一本触れさせないようにしているシーンを見たことがないでしょうか。人間の母親もこれと同じで、わが子への愛情が深まるのと同時に「わが子を守れるのは私だけだ」と、動物的本能が働いてしまうのです。相手が夫であっても、「この人は育児に非協力的だから敵だ」と母子の絆を邪魔してくる相手だと判断した場合には攻撃の対象になることも十分にあり得ます。

もしもママが牙をむいたときに、パパは「なんでそんな言い方をするんだよ」「俺だって一生懸命やってるじゃないか」などと怒らないようにしましょう。できればママの目を見て「そうなんだね」と、話を聞いてあげてください。そうすればママも「この人は私のことを理解してくれるから味方だ」と判断し、気持ちも次第に落ちついてくるはずです。

もちろん、なんでもかんでもママの言いなりになる必要はありませんが、ホルモンの仕業であることに関しては、ママもどうすることもできないので、少しだけ大目に見てあげてほしいと思います。なかには「本当は母に子どもを抱っこしてほしいのに、あの手はちゃんと洗ったのだろうかと考えたら触れてほしくないと思ってしまう」と、実の親をも敵認定する人もいるほどなのです。本人ですら「どうして私はこんなふうに思ってしまうんだろう」と悩んでいます。その言動がいつもと違うなと思ったら、ぜひ、寄り添ってあげてください。そして、「パパは味方だ」とママに認定してもらいましょう。

⑨忘れてはいけない産後のタスク

待ちに待ったわが子を抱くことができて、ようやくひと安心。でもその前に、産まれてきた赤ちゃんをしっかり社会のなかで育てていくためには、やるべき事務手続きがたくさんあるのです。

絶対に忘れてはいけないのが、赤ちゃんを戸籍に入れるために必要な「出生届」の記入です。産後14日以内に出生地・本籍地または届出人の所在地の市区町村役場に提出しなければなりません。入院中にパパが済ませておけば、ママの不安は一つ軽減されるはずです。もちろん、なかには「退院時に一緒に提出に行きたい」と思うママもいるので、「出生届はいつ出そうか」とパパから持ち掛けると「ちゃんと分かってくれている」と感じてもらえるでしょう。

出生届と同じタイミングでやるべき手続きが「児童手当金」の申請です。0歳から中学校卒業までの児童を養育している人に支給されるもので、申請した翌月分から受け取ることができます。さかのぼって過去のぶんまで請求するのは不可能なため、くれぐれも忘れないようにしましょう。

ほかにも健康保険に加入するための手続き、医療費助成を受けるための手続きなど、たくさんのタスクが産後には待ち受けています。

また、事務手続きのほかにも「お宮参りはどうするのか」「出産祝いをくれた人たちへの内祝いは何がいいのか」など、考えることは山積みです。「内祝いとか、俺センスないし、よく分かんないから、ママに全部お任せするよ」なんて言うパパがいますが、とんでもないことです。一世一代の大仕事といってもいい出産を終えたばかりのママに「あれもこれも考えておいて」と投げるのは、あまりに酷だと思います。「こういうお返しを考えてるんだけど、どう思う?」と、ママの意見も聞きながら一つひとつクリアしていきましょう。

おすすめは出産前にリストにまとめ、いつまでにどうするかを夫婦で話し合っておくことです。このとき、パパから積極的に働き掛けてもらえたら、ママはゆったりと出産に臨めるはずです。

⑩産後は心身ともにボロボロ

ひと昔前までは「産後は床上げまでは家事をせず、赤ちゃんと一緒に寝ていなさい」と、ほとんどの女性は口酸っぱく言われていました。「産後の床上げ」とは、産後の女性が心身ともに回復し、日常の生活に復帰し、それまで敷きっぱなしだった布団を仕舞うことから、そう呼ばれるようになったといわれています。

床上げまでの期間は約1カ月といわれ、どんなに厳しい姑でも産後のお嫁さんには「床上げまでは体を休めるように」と言う人がほとんどだったのです。それほど、回復には時間がかかるということです。

「出産は病気ではない」とはいいますが、産後の母体は、想像以上にダメージを受けています。出産時に起きる「陣痛」の痛みが話題になることはあれど、意外にも産後の痛みについてはあまり知られていないのではないでしょうか。

通常、出産にかかる時間は、初産婦は平均12~15時間、経産婦は6~8時間といわれています。もちろんもっと短時間で産む人もいますが、場合によっては陣痛開始から分娩までに24時間以上かかる人もいます。長時間にわたって痛みを伴う出産により、体がなんのダメージも受けないなんてことはあり得ません。まず、多くの人は出産時に会陰《えいん》が裂ける（あるいは切開をする）ため、傷口を縫い合わせます。さらに出産時のいきみによって脱肛をする人や痔になる人もいます。

また、産後は「後陣痛」といって子宮の収縮による痛みが容赦なく襲ってきますし、出産時に最大まで開いた骨盤はグラグラの状態です。しばらくはうまく歩けなかったり、支えがないと立ち上がれなかったりということもあります。

しかし、最も大きな影響が出るのは、胎盤がはがれたあとの子宮です。数カ月もの間、赤ちゃんを守るために子宮についていた胎盤は、役目を終えると血管を断裂しながら子宮から剥がれ落ちます。このときに、子宮の壁には15～30㎝ほどの大きな損傷が生じてしまうのです。

こんな傷だらけの状態で、退院してすぐ元どおりの生活に戻れるはずがありません。だから、ゆっくりと休めることが大切なのです。しかし、なかには傷が目に見えないからなのか「意外と元気だから、今までどおり家事を頑張れそう」と、思ってしまうママもいます。昔のようにサポートしてくれる人が周りにいないので、自ずと「自分でやらなければ」と考えてしまうのかもしれませんが、決して頑張り過ぎてはいけません。もしもママが「元気だから大丈夫だよ」と言ったとしても、しっかりと体を休ませるようにパパが促してあげましょう。出産直後に無理をすると、時間が経ってから心身に不調を感じることがあります。

最近では産後すぐに仕事に復帰する芸能人が増えています。厳しい芸能の世界、少しでもブランクが空いてしまったらすぐにほかの人に席を奪われてしまうという危機感から、できるだけ早く現場に戻ろうと思ってしまうのでしょう。もちろん、仕事熱心なのは良いことですし、彼女たちはきっと手厚い周りのサポートがあり、万全の体制を整えたうえで復帰しているはずです。

以前、アーティストの浜崎あゆみさんが産後約1カ月でライブステージに立っていたことが報じられ、ファンを中心に心配する声が上がりました。一方で、これにより「産後はそれほど休まなくても大丈夫なんじゃないの？」と考えてしまう人も少なからず増えたようです。

浜崎さんは育児のプロが常時帯同して、その助けがあって、ステージに立つことができたと自身のSNSで述べています。周囲のサポートがなければ確実に復帰は無理だったと思います。まさに、浜崎さんのケースは異例中の異例としか言いようがないでしょう。ですから「浜崎あゆみさんは体型もすぐに戻して仕事に復帰しているんだから、君にもできるでしょ」なんて比較するようなことは決して言わないでください。

もちろん、これは芸能人に限った話ではありません。「知り合いは産後すぐに復職していた」「友達の奥さんはまったく痛くなかったと言っていた」など、誰かと比べたところでまったく意味がありません。パパであるあなたが向き合うべきは、目の前にいる愛するママだけです。ママが「つらい」と言えば「つらい」、「無理だ」と言えば「無理」なのです。

⑪初心者同士のスタート

よく「自分は男だから、やっぱり妊娠や出産のことはよく分からない」と言う男性がいますが、それは大間違いです。妊娠や出産のことがよく分からないのは、女性も同じです。

初産の場合はパパもママも経験値がゼロの状態からスタートしています。すべてが初めてのなかで、手探りをしながら少しずつ前進していくのは夫婦ともに変わりません。

私自身、娘が妊娠してから、このことを改めて実感しました。

私の娘は産婦人科医になって約10年、これまでたくさんの妊婦さんに指導をしてきました。当然のことながら、妊娠・出産によって体や精神面にどのような変化が訪れるのかなど、人の何倍も知識をもっています。しかし、そんな娘でさえ産後は「なんでこんなにうまくいかないんだろう」と主に育児に関して悩みを口にするようになりました。「ホルモンのせいだから、ある程度は仕方がない」「少し時間が経てば落ちつくから大丈夫」と、医師の立場なら言えることでも、いざ自分が当事者になると経験をしたことがないために不安を感じてしまうのです。

例えば車の免許を取るときには、しっかりと教習所で訓練をします。もしもカーブで失敗しそうになったとしても、隣にいる教官が指導をしてくれるので安心してハンドルを握ることができます。

ところが、子育てにおいては「母親免許」なんてものはなく、練習もなしに「もうあなたは母親なのだから、運転（子育て）できますよね」と言われてしまうようなものです。「不安です。ちゃんと練習させてください」とどれだけ訴えても「世の中の母親はみんな頑張っていますよ」と言われる始末で、不安が募るのも無理はありません。

パパもママも初心者です。ともに学び合い、支え合い、横並びで進んでいくことが「親」になるということなのだと、私は思っています。

それでもおなかが大きくならない男性のなかには、いまいち実感が湧かないという人もいるでしょう。そんなときには、妊娠中の健診で超音波診断装置４Ｄエコーの画像を見ることをおすすめします。最近はエコーの精度も上がり、顔の凹凸や細かい動きまで画像で見ることができます。実際に赤ちゃんがどんな顔をしているのか、どんな格好でおなかの中にいるのかがよく分かるので、きっとお互いに「親」になることを徐々に実感できると思います。

その意味でも当院では、エコー画像をいつでも誰でも見られるようにクラウド上に保存するサービス（エコー動画配信サービス、エンジェルメモリー）を行っています。これは自宅でも画像が見られるので、パパだけでなく祖父母の方にも喜んでいただいています。

もし、このようなサービスのない産院の場合でも、ママと一緒に診察室に入るだけでもいいでしょう。

ここに挙げた11の項目は、あくまで一般論です。

ママによっては「もっとこれを知っておいてほしい」などといった考えがあるでしょう。どうか、ママがどんなことに悩んでいるのか、不安を感じているのかを少しずつでもいいので拾い上げ、一緒に解決に向かって進んでいってほしいと思います。すべて解決できなくても一緒に考えることがなにより大切なので、ぜひ二人で話す時間を取ってみてください。

キーワードは「傾聴」。結論を見つけることよりまず、ママの言葉を聴いてあげてください。そうすれば、もうママの悩みの80%は解決したも同然です。

［第3章］

産後の妻が壊れる……!? 産後うつを引き起こさないために

サインを見逃さないで

第2章でお伝えしたように、ほとんどの女性は、産後2週間ほどで乱れていたホルモンバランスが少しずつ元に戻り始めます。しかし、なかには2週間経っても「元気が出ない」「自分は幸せじゃないと感じる」という人もいます。こういった症状が続くようであれば「産後うつ」を疑ってください。

図表3は「エジンバラ産後うつ病質問票（EPDS）」といって、イギリスの精神科医によって1987年に作られた質問票です。母親が自分の気持ちに最も近いものを選び、その点数を基に、メンタルケアを行います。日本の産婦人科でも広く使われているものです。

産後ケアリストは（　）内の数字を基に採点をし、母親が現在どのようなメンタルかを判断し、適切な処置を施します。そして、30点満点中9点以上の場合は産後うつに向かう可能性が高いとみなし、9点未満であっても当てはまる項目が多い場合は注意して接するようにします。特に10番目の項目については、たとえ1点だとしても要注意です。産後う

[図表3] エジンバラ産後うつ病質問票(EPDS)

1. 笑うことができたし、
物事のおかしい面も分かった

いつもと同様にできた(0)
あまりできなかった(1)
明らかにできなかった(2)
全くできなかった(3)

2. 物事を楽しみにして待った

いつもと同様にできた(0)
あまりできなかった(1)
明らかにできなかった(2)
ほとんどできなかった(3)

3. 物事が悪くいったとき、
自分を不必要に責めた

はい、たいていそうだった(3)
はい、時々そうだった(2)
いいえ、あまり度々ではなかった(1)
いいえ、そうではなかった(0)

4. はっきりした理由もないのに
不安になったり、心配したりした

いいえ、そうではなかった(0)
ほとんどそうではなかった(1)
はい、時々あった(2)
はい、しょっちゅうあった(3)

5. はっきりした理由もないのに
恐怖に襲われた

はい、しょっちゅうあった(3)
はい、時々あった(2)
いいえ、めったになかった(1)
いいえ、全くなかった(0)

6. することがたくさんあって
大変だった

はい、たいてい対処できなかった(3)
はい、いつものようにうまく対処しなかった(2)
いいえ、たいていうまく対処した(1)
いいえ、普段どおりに対処した(0)

7. 不幸せなので、眠りにくかった

はい、ほとんどいつもそうだった(3)
はい、時々そうだった(2)
いいえ、あまり度々ではなかった(1)
いいえ、全くなかった(0)

8. 悲しくなったり、
惨めになったりした

はい、たいていそうだった(3)
はい、かなりしばしばそうだった(2)
いいえ、あまり度々ではなかった(1)
いいえ、全くそうではなかった(0)

9. 不幸せなので、泣けてきた

はい、たいていそうだった(3)
はい、かなりしばしばそうだった(2)
ほんの時々あった(1)
いいえ、全くそうではなかった(0)

10. 自分自身を傷つけるという考えが
浮かんできた

はい、かなりしばしばそうだった(3)
時々そうだった(2)
めったになかった(1)
全くなかった(0)

つは、発作的に自殺してしまうのも特徴だといわれています。

「最近、妻から笑顔が消えた」「極端に食欲が落ちている」といった変化が見られたら、医療機関や専門医に相談するなど、早めの対処をしましょう。些細な変化だとしても、サインを見逃してしまった場合、取り返しのつかないことになる危険性もあるからです。

産婦人科の権威である順天堂大学の竹田省教授らの共同研究によると、東京都23区で2005年から2014年までの10年間に起きた妊産婦の異常死を分析した結果、総数89例のうち、自殺は63例に上ることが分かりました。さらにショッキングなことに、この自殺数は、産科異常による妊産婦死亡率の約2倍なのです。

どうして人生のなかで最も幸せだと思えるときに自殺を選ぶのか……。それも、10カ月もの間おなかの中で大事に育て、大変な思いをして産み落としたわが子を残して……。この数字を見たときに受けた衝撃は今でも忘れません。このような悲しい結末を迎える母親を一人でも減らしたいと思い、それが私が産後ケアリストの資格を取るきっかけにもつながりました。

「産後うつ」の引き金

産後うつが引き起こされる理由は、ホルモンバランスの変化と、育児に対する不安や産後の疲労など、さまざまなものが関連しているといわれています。しかし、医学的にはまだはっきりと解明されていません。妊産婦の10〜15%が産後うつを発症するといわれています。参考のために産後うつになるリスク因子をいくつか挙げておきます。

・家族のサポートの欠如
・望まない妊娠
・引っ越し
・実母との不仲
・家庭内暴力
・妊娠以前からの精神疾患
・几帳面過ぎる性格

などです。思い当たる方は、特に注意が必要です。パパも気をつけてあげてください。

また、多くのママは授乳に伴い、慢性的な睡眠不足の状態にあります。睡眠不足による倦怠感や身体的な疲労が大きな影響を及ぼしているといえるでしょう。

仕事などで徹夜をすると一時的には目がさえますが、あとあと体にダメージが出てミスを連発し、結果的に非効率なことをしてしまったという経験は、多くの人が味わったことがあると思います。しかし、仕事やテスト勉強で徹夜をしても、そこには「終わり」があります。だからこそ「今日まで寝ずにここまで頑張れば明日はご褒美が待っている」と言い聞かせて徹夜を乗り切った経験がある人も、いるのではないでしょうか。

ところが、産後の睡眠不足はわけが違います。どれだけ頑張って起きていても、まるで終わりが見えないのです。いつになれば赤ちゃんは寝てくれるのか、それは誰にも分かりません。いわば、今すぐにでも寝たいほど疲れているのに「絶対に寝てはいけません」と、無理やり起こされ続けている状態が、産後の睡眠不足なのです。こんなことが何日も続けば、思考力も判断力も鈍ってしまうのは当然です。

そこで、私たちは産後うつに近い症状が見られる人（精神科の受診が必要な重症の方は除く）には、まずは睡眠をしっかり取ってもらうことにしています。赤ちゃんが産まれると、ママは自分のことを後回しにせざるを得ません。朝晩関係なしに泣き続ける赤ちゃんの面倒を見ていたら、必然的に睡眠時間は削られてしまいます。しかし、人間は体が資本です。睡眠不足は思考力が低下するだけでなく、自律神経のバランスを崩しかねません。

ですから、当院では産後ショートステイのプランを用意し、赤ちゃんを預かってママにたっぷりと寝てもらうのです。そうすると「頭がすっきりして、元気になりました」と明るい表情になる方がほとんどです。

だからといって「寝たらすべて解決」するとは限りません。どんなに睡眠時間を確保したところで、肝心の悩みが解消されずにストレスを感じ、産後うつの症状が出てしまうことも考えられるからです。

産後ケアリスト協会では、産後ママのストレスを次のように分類しています。

痛：肩こり、腰痛、腱鞘炎《けんしょうえん》
時：自由な時間がもてなくなった
育：育児について相談できる相手が身近にいない

働：育児が一段落したら働きたいが、社会復帰できるか不安
孤：地域社会から孤立している。実母が近くにいない。夫は仕事で忙しい
美：体型の変化が不安。女性としての魅力がなくなるのでは？
疲：産後の疲れが取れない。睡眠時間が足りない
金：これから子どもの教育費がいくらかかるか心配
知：育児や産後に役立つ地域の情報や活動が知りたい
食：自分自身の体の回復や、良い母乳を出すための食事の知識がほしい
家：育児用品が増えて家の中がゴチャゴチャ。掃除ができない

（※産後ケアリスト認定講座テキストより引用）

このように、産後のママはあらゆる面で不安を抱えているのです。しっかりとママの話を聞き「なぜ不安を感じているのか」をすくい上げ、解決策を一緒に考えていきましょう。
例えば「自由な時間がもてなくなった」ということに対して悩んでいるとしたら「パパが休みの日はママのフリータイムにしよう」や「寝かしつけはパパがやるから、その間マ

マはゆっくりお風呂に入ったり、気晴らしにショッピングに行っておいで」といった提案ができます。

いずれにしても大切なのは、「大変だよね」と、共感することです。産後うつを重症化させないためにも、しっかりとママの声に耳を傾けてあげてください。

わが子の命までもが危ない

もしも産後うつを見過ごしていたらどんなことが起きるのでしょう。

まずは夫婦ともに精神が疲弊していきます。そしてママは「どうして私がこんなにつらい思いをしているのに分かってくれないの」と泣き、パパは「どうやったら元の明るいママに戻るんだ」と嘆き、最悪の場合「離婚」を選択せざるを得なくなるでしょう。これが、「産後クライシス」です。

しかし、それよりも恐ろしいのは、産後うつがわが子の虐待につながりかねないということです。

厚生労働省が2019年に発表した「平成30年度児童相談所での児童虐待相談対応件数

［図表４］児童相談所での児童虐待相談対応件数の推移

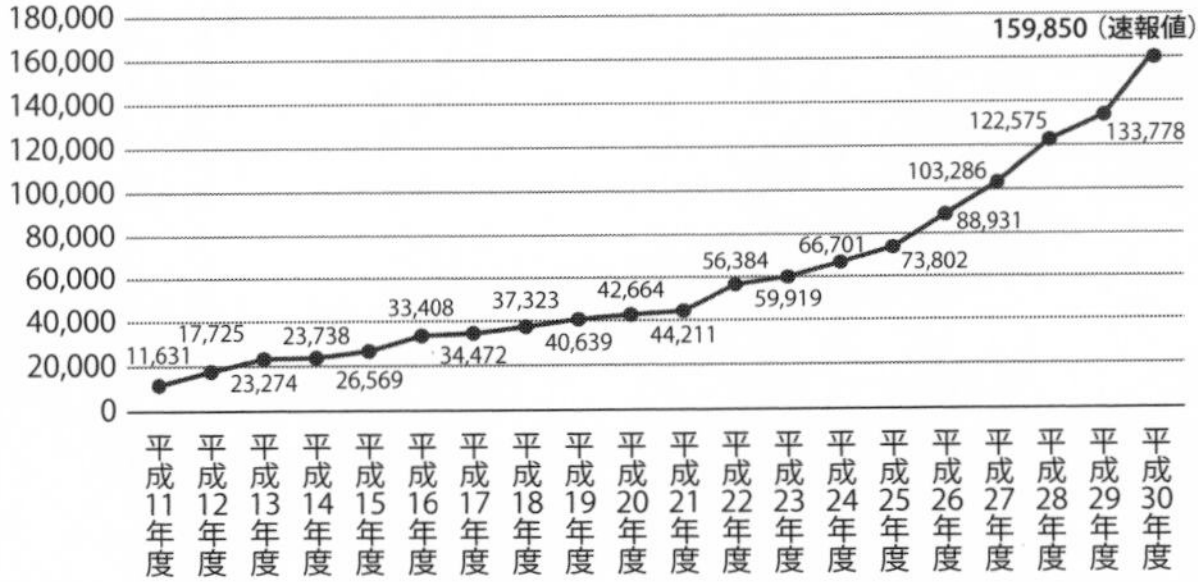

※平成22年度の件数は、東日本大震災の影響により、福島県を除いて集計した数値

出典：厚生労働省「児童相談所での児童虐待相談対応件数とその推移」より

（速報値）」によると、平成30年度中に全国２１２カ所の児童相談所が対応した虐待件数は15万９８５０件であることが分かっています。この数字は図表４を見ても分かるとおり年々上がっていて、平成30年度は過去最多です。

また、虐待死による子どもの年齢は、いずれも０歳児～２歳児の割合が最も高く、加害者は実母が半数以上を占めていることも分かりました。

産後うつによって引き起こされる虐待については、目をそむけたくなるような内容ではありますが、大切なことなので２つの事例を紹介させてください。

2016年7月21日、茨城県Z市で生後約2カ月の女の子が母親から首を絞められて死亡してしまうという痛ましい事件が起きました。

母親は2016年5月に実家の近くで里帰り出産しましたが、産後3日目に実施したエジンバラ産後うつ病質問票では15点という比較的高い点数が出ていました。退院してから約2週間後に、病院の育児支援外来を受診し、「赤ちゃん訪問」でも母親が抑うつ傾向にあるため継続したサポートが必要だと判断されていました。

また、実家から自宅に戻った母親は、産後3カ月未満の方を対象に県が実施している「助産師なんでも出張相談」を利用し、「子どもがあまりミルクを飲まずに心配だ」と相談しており、育児に対して極度の不安を訴えていました。そして7月20日のエジンバラ産後うつ病質問票では、また15点という点数が出ていたのです。市はこの際「2週間後にまた家庭訪問に来ます」と約束していましたが、事件が起きたのはその訪問の翌日のことでした。子どもが泣き止まないことに腹を立て、素手で首を絞めたのちに、母親は自ら警察に電話をし「子どもの首を絞めました」と通報したのです。

女の子は心肺停止状態で病院に緊急搬送され、約1カ月後の8月28日に、入院先の病院で死亡が確認されました。

この母親はのちの裁判で「産後うつ病が重症化しており、思考力低下による心神耗弱《しんしんこうじゃく》状態である」という判決が下されています。

市の担当者が訪問した翌日に事件が起きているため、なかには「なぜ訪問したときに気づかなかったんだ」という批判の声もあります。しかし、産後うつが重症化すると、発作的に行動に出てしまうのが特徴といわれています。そのため、産後うつが起因した事故が起きると周りの人からは「まさかそこまで思い詰めていたなんて知らなかった」「言ってくれたらよかったのに」「昨日までは普通に会話をしていたのに」というコメントが出てきてしまうわけです。精神科医からのアドバイスとして、産後うつの方は行動が早いため早めに手を打つ必要があり、決して後回しにせず、専門医に紹介することがポイントだそうです。

もう一つの例は、2018年1月に生後11カ月の三つ子の次男を1mを超える高さから畳にたたきつけて死なせてしまうという事件が起きました。実はこのとき、母親は三つ子の育児をほぼ一人で懸命に続け、睡眠時間は1日1時間ほどだったといわれています。また、死なせてしまった次男は3人のなかで最も成長が遅く、母親を悩ませていたという報告も上がっています。あまりに止まらない次男の泣き声に追い詰められた末の行動だったのでしょう。決して、次男に愛情がなかったわけではありません。事実、その後すぐに救急車を呼び、隊員が来るまでの9分間、母親自ら心臓マッサージを続けたそうです。まさに「衝動的」に手が出てしまい、次の瞬間には我に返って「なんてことをしてしまったんだ」と慌てたことが分かります。

石川県立看護大学の大木秀一教授の調査によると、双子以上の「多胎育児家庭」の虐待死は、単胎育児家庭と比べて2・5～4倍という結果が出ています。いかに、三つ子育児が壮絶だったのかが分かります。ストレスでまともな判断ができない状態だったことも容易に想像ができます。

この事件が報道された際「実刑判決ではなく、執行猶予付きの判決を求める署名」のキャンペーンがネット上で起こりました。発起人は、自身も三つ子を育てているという母親です。彼女は署名を集めるサイト上で次のようにつづっています。

「三つ子の母だから、彼女がなぜ虐待死をさせてしまうほど、追い詰められていったのか分かります。きっと、三つ子の母の方は、分かってくれると思います。彼女がしたことは特別なことではありません。三つ子の母でなくても、子育てをしたことがある人なら、想像していただけると思います。三つ子育児は手伝ってくれる人がいないとできません。彼女には誰も助けてくれる人がいませんでした。疲れ果ててだんだん追い込まれていったのでしょう。彼女だからこの事件が起こったのではありません。三つ子を育てる生活は、想像以上に過酷です。三つ子育児で手伝ってくれる人がいなかったら、誰にでも起こり得ることです」

そして、それに賛同する人たちがたくさん出てきました。

多くの母親が、虐待をしたことについて「気持ちが分かる」と言っているのです。これがどういうことか、分かるでしょうか。

以前に、不妊治療の末にようやく双子を授かったという方がいました。しかし、彼女は40歳になってからの出産・育児だったため想像以上に体力が続かず「このまま我慢し続けたら、子どものことをかわいいと思えなくなってしまう」と言って、しばらくの間「乳児院」に預ける選択をしました。どれだけ待ち望んだ子どもであっても、ママの精神状態が安定していなければこのような事態を引き起こしてしまう可能性があるのです。

もちろん、いかなる状況であっても、子どもの命を奪っていい理由にはなりません。しかし、先ほど紹介した2人の母親は、決して稀有《けう》な例ではないことを、ぜひ知っていただきたいのです。

そのとき、パパはどう動く

とはいえ、パパ・ママのなかには「妻は（自分は）タフなほうだし、産後うつとは無縁だ」と思い込んでいる人もいます。周りがどんなに「産後うつじゃないか」と言っても「まさか自分が」と驚く人もいます。おそらく、ママは子育てに必死になるあまり、渦中では自分の気持ちの変化に気づく余裕もないのでしょう。

しかし、振り返れば冷静に自分自身のことが分かるのです。

事実、育児情報サイト「ベビカム」が出産経験者477人を対象に行ったアンケート調査では「産後1年くらいの間で、自分が『産後うつ』だったかもしれないと思われる時期があったか」という問いに「産後うつと診断されてはいないが自分でそうだったかもと思う時期がある」と答えた人が、46・8%もいたという結果が出ています。

およそ半数の方が、自分でも気づかないうちにそれほど追い詰められていたということです。この数字からも、産後うつが決して他人事ではないことがよく分かります。

先ほどの事例に挙げた母親たちのように、産後うつが悪化すると一時的とはいえ正常な判断ができなくなってしまいます。子どもに手を上げてしまう人もいれば「こんなダメな母親に育てられたらこの子はまともな大人にならない」「ほかの人に育ててもらうほうがいいから私は消える」と、自分は母親失格だと悲観し、わが子を残して自ら命を絶ってしまう人もいるのです。

このような悲劇を防ぐには、なによりもパパがママの状態を理解することが大切です。もし、少しでも「気分が落ちていそうだな」と思ったら、どうかママの話を否定せずにまずは耳を傾けてください。ここでのポイントは、「解決策は見つけなくてもよい」ということです。

例えば、茨城県の母親は、子どもは問題なく成長しているから大丈夫だと医療機関から言われていたにもかかわらず「ミルクを飲んでいるのになかなか体重が増えない」といった悩みを抱えていました。このときに「気にし過ぎだよ。先生も大丈夫って言っているんだから、そんな神経質になるなよ」「みんな、それくらいの悩みを乗り越えて育児を頑張っているんだから、君にもできるよ」などと言うのは絶対にNGです。パパが励ますつもりで言っていることは分かりますが、ママにとっては逆効果なのです。

もしもあなたがママから同様の悩みを打ち明けられたら「確かに、いつも子どもの面倒を見てくれているママが気になるなら、少し心配だね。先生は大丈夫とは言ってくれていたけど、まだ不安に思うようだったら、今度一緒に病院に行ってみよう」というように、まずはママの「不安」に対して共感してあげてください。

大切なのは、アドバイスをするのではなく、目をまっすぐママに向けて、時にうなずいたりしながら、ママの気持ちを最後まで聴いてあげることです。決して話の途中で「でもさあ……」「そうは言ってもね……」などと、ママを否定するようなメッセージを挟んではいけません。カウンセリングやコーチングの世界ではこれを「傾聴」といい、相手を理解するためのコミュニケーション技法の一つとして非常に有効だといわれています。

どうしても男性は「問題を解決したい」と考える人が多い傾向にありますが、どうかそこをグッとこらえて、ママはどう思っているかという点に注視してみましょう。なぜならママは解決策を求めているのではなく、今のつらい気持ちに共感してほしいだけなのです（ひょっとしたら、ママはもう解決策は分かっているかもしれませんよ）。

そして、話を聞き終えたあとには「いつもありがとう。ママのおかげで赤ちゃんはとっても幸せそうな顔をして眠っているよ」と、ポジティブな言葉を掛けてみましょう。きっとママの心は少なからず穏やかになるはずです。もしアドバイスをするならそのあとですね。

産後ケアが光をもたらす

ここまで述べてきたように、出産するとホルモンバランスが崩れ、うつを引き起こしやすくなります。具体的な判断基準としては、ママに次のような傾向が見られたら、産後うつの可能性を疑ってみてください。

1つ目は赤ちゃんがなかなか寝てくれない、泣き止んでくれないときに「こんなに私が頑張っているのに、どうしてこの子は私を困らせるのか。泣き声を聞くと耳をふさぎたくなる。かわいいと思えなくなってきた……」と、赤ちゃんに対してネガティブな気持ちが生まれてしまうパターンです。

2つ目は「赤ちゃんを寝かせることができないなんて、私はダメな母親だ」「私のやり方が悪いから、赤ちゃんが眠ってくれないんだ」と、自分を責めるような発言をするパターンです。

もしもママにこれらの傾向が現れたら、先ほどの「傾聴」を試してみてください。

そして「僕から見たら、赤ちゃんはとっても幸せそうだよ」と、まず赤ちゃんに対してポジティブな言葉を掛け、「それは、きっとママがたくさんの愛情をかけてくれているからだね」と、ママ自身のことを褒めてあげるのです。そうすれば多少の不安感は薄れるでしょう。

しかし、なかにはどんなにパパが傾聴に徹してポジティブな声掛けをしても、届かないケースがあります。そんなときには、一刻も早く専門家に相談をしましょう。出産した病院でもいいですし、健診で訪れる保健師でも結構です。普段ママを見ているパパが少しでも「あれ?」と思ったら、それはまぎれもなく、ママが「SOS」を発しているということですから、迷わず判断してください。もし産後うつと診断されても心療内科や精神科で治療すれば治ります。軽症で済むためにも早めの受診をおすすめします。

最近では、産後うつに苦しむ女性を一人でも多く救うため、国や行政も解決に向けて動きだしています。事実、「母子保健法の一部を改正する法律」(令和元年法律第69号)が第200回国会にて成立、2019年12月6日付けで公布されました(2021年4月1日施行)。

この法律により、各自治体は、出産後1年を経験しない母子に対し、なんらかの産後ケア事業を行うよう努めなければならない、と定められました。産後ママのケアに目を向けることが、ベビーの健全な成長、ひいては虐待の防止につながっていくことに、国も自治体もようやく気づき始めたようです。その意味でも、これは非常に画期的な法律だと思います。

きっとこの先、産後ケアがさらに広まることで悲しい思いをする家族は減っていくのではないかと期待しています。

例えば、当院がある京都市ではこの法改正がある以前から全国に先駆けて京都市内の産後ママを対象に「スマイルママ・ホッと事業」を提供しています。これは、本来出産時の入院は5~7日程度ですが、退院してから体調不良が続くママや育児に不安を感じているママがベビーと一緒にショートステイやデイケアサービスを利用できるよう支援する制度です。できるだけ多くの母子が救われることを願って、その費用の一部は行政が助成してくれます。

「そうはいっても、うちは周りと比べたらまだ頑張れるから……」なんてことを思う必要はありません。すべてのママに、産後ケアを受ける権利があります。どうか、遠慮せずにお住まいの行政地域の制度を利用してください。自治体と連携し、産後ケア入院を実施している施設がありますが、その内容は施設によってさまざまです。当センターの場合、出産時と同様のケア（沐浴・授乳指導、洗濯サービス、オムツ・肌着レンタルなど）を行い、ベビーのお預かりも行っています。医師・助産師・産後ケアリストが24時間常駐し、チームとして産後ママを支える体制を取っており、他院で出産された方も受け入れています。

産後うつになる人は、とても真面目で責任感の強い人が多いといわれています。ですから、こうした産後ケアを使うことに対し「子ども一人育てられないなんて情けない」と、罪悪感をもってしまう人もなかにはいます。しかし、子育てを一人でしようと考えること自体が大間違いです。本来、子どもは大勢で育てるものなのです。

現代は核家族化が進み「ワンオペ育児」が当然のようになっていますが、かつての日本では、親戚はもちろんのこと隣近所の人も一緒になって、助け合いながら子どもを育てるのが当たり前でした。

「うちの子、食が細いからちゃんと成長するのか心配で……」と不安を口にすれば、親戚のおばさんが、「うちの息子も赤ちゃんのときはそうだったのよ。私も大丈夫なのかずっと気になってたけどね、小学校に行きだしてから少しずつ食べる量が増えてきて、今じゃ食費がかかり過ぎるからちょっとは遠慮して！って怒ってるくらいよ。もう少し様子を見てみようね」と、自分の経験談を基に相談に乗ってくれました。

このように、何かあっても「一人じゃない」と思える環境をつくることは、産後の母親を、孤独やうつから救うのです。また、そうすることで子どももたくさんの人の愛情を受けて育つことができます。それは子どもにとっても幸せなことではないでしょうか。

パパも「産後うつ」になる？

ここまで幾度となく「パパの支えが重要」だと説いてきましたが、最近ではパパたちも産後うつになるリスクがあるといわれ始めています。

国立成育医療研究センターが父親215人を対象にまとめた調査によると、妻の産後3カ月の間に、うつの傾向を1回以上示した夫は16・7%もいたことが分かっています。

よく海外から「日本人は働き過ぎだ」といわれるとおり、多くのパパが夜遅くまで仕事をしています。どんなに早く家に帰りたいと思っても「業績を上げなければ家族を養えない」「今まで以上に頑張って給与を上げなければ」といったジレンマと戦っているのです。

しかし、疲れて帰ってきたら、今度は産後で疲れているママのケアにも気を配らなければいけないし、子どもの面倒も見なければいけない……。会社と家庭の要望にすべて応え、理想の父親でいようとするあまり、次第にパパは追い詰められていきます。些細なことでイライラするようになったり、気分が落ち込みやすくなったり、疲れが取れなかったりといった症状が出始めたら「うつ」のサインです。ママ同様、責任感が強く完璧主義者のパ

［図表５］配偶者の仕事や家事をねぎらっているか

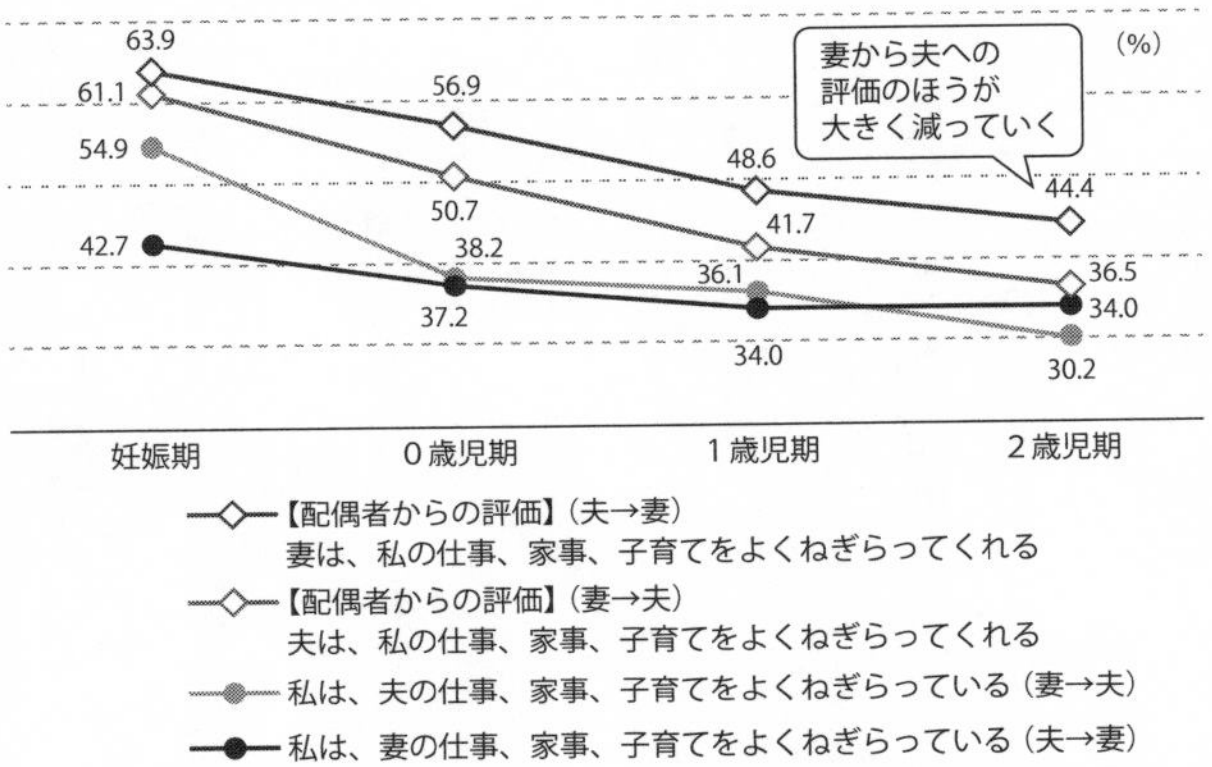

出典：ベネッセ次世代育成研究所「第１回妊娠出産子育て基本調査・フォローアップ調査」より

パほど発症しやすいといわれているため、思い当たる人は注意が必要です。

厚生労働省が「育児をしない男を、父とは呼ばない」というコピーを打ち出し、話題を集めたのは１９９９年。そこから２０１０年には男性の子育て参加や育児休暇取得を促進するための「イクメンプロジェクト」が発足されました。時代が進むにつれ、男性の育児・家事への期待は高まっています。しかし、それに相反して男性の環境自体は変わっていません。

もはや、母親だけでなく父親でさえ「産後うつ」になる可能性が十分にあるということなのです。では、どうすれば夫婦でこの危機を回避できるのでしょうか。そのためにはやはりコミュニケーションを取ることが欠かせません。

図表5は、288組の夫婦を対象にした4年間の追跡調査で「配偶者の仕事や家事をねぎらっているか」について尋ねたものです。

年を追うごとに「ねぎらってくれている」あるいは「ねぎらっている」と感じる割合が顕著に下がっています。つまり、産後2年の間で「パートナーは自分のことを認めてくれている」という実感が、お互いに薄れていっているということです。もしもこの期間にそれぞれが互いの存在を認め合えていたのなら、産後うつになる割合はもちろん、離婚件数や虐待件数は減っていたかもしれません。

もしよければ、今日からママに1日1回「いつもありがとう」と声を掛けるようにしてみてください。続けるうちにママのほうからも「こちらこそありがとう」と返ってくるようになると思います。初めは照れくさいかもしれませんが、続けていくうちにきっと日常化していくはずです。

［第4章］

こんなときどうする？
イケてるパパになるための傾向と対策

イケてるパパになるために

ここまで読んでくださったあなたは、パパとしての心得がしっかり備わってきていると思います。

この章では、実際のアンケートを基に、パパがついしてしまいがちな言動や行動を具体的な場面を想定し、傾向と対策として振り返ります。ある意味、ここからがこの本の本題ともいえるでしょう。

もちろん、ここで紹介されているパパたちはみんな、ママを意図的に怒らせよう、傷つけようと思っているわけでは決してありません。それでも、産後のママがどんな状況にあるかを理解できていないがための言動によって、大ゲンカに発展してしまうことがあるのです。

「どこがいけないんだろう」「なんて言い換えたらいいんだろう」「自分だったら、どうするだろう」と考えながら読んでみてください。

こんなときどうする？　傾向と対策

CASE1「今日はごはんが準備できなかった」と言われたら……

出産を控えた志帆さんはその日、朝から体のだるさを感じていました。食欲も湧かず、立ち上がるとめまいがするのです。

念のため病院に行ってみましたが、赤ちゃんに異常は見られません。

「出産間近で、気持ちがナーバスになっているのかなあ。もしかしたら、おなかの赤ちゃんがたまにはゆっくり休んでいいよと、伝えてくれているのかもしれませんよ」

先生からそんなアドバイスを受けた志帆さんは、今日は一日何もせずにゴロゴロして過ごそうと決めました。

「たまにはこんな日があってもいいよね」

志帆さんは目をつぶって横になると、そのまま夕方過ぎまで寝てしまいました。

「わ、もうこんな時間⁉」

真っ暗闇で目を覚ましてびっくり。晩ごはんの準備はできていないし、洗濯物も畳めていません。

「実は今日は具合が悪くてずっと寝ていたから、家のことがまだ何もできてないの」

夫の勝也さんにメールをすると、すぐに返事が来ました。

「そんなこと、全然気にしなくていいよ。それより具合は大丈夫？」

「うん、たくさん寝たからもう平気。ところでごはんはどうしよう？　買い物にも行けてないから、カップラーメンとかレトルトのカレーくらいしかないんだよね」

志帆さんが期待したのは「たまにはそんなごはんでもいいね」というものでした。ところが勝也さんからは、予想外の返事が来たのです。

「じゃあ、外で食べてくるよ！」

志帆さんは、勝也さんの言葉に驚きました。

「外で食べてくるってどういうこと？」

思わずメールをやめて電話を掛けてしまった志帆さん。電話口からは、勝也さんの明るい声が聞こえます。

「ごはんの準備、大変でしょ？　俺のことは気にしないでいいから今日はゆっくり休んでなよ。実は、最近、近所にできた居酒屋が気になっててさ～。さくっと一杯やって帰ろうかな」

「……じゃあ私はどうなるの？」

「え？　カップラーメンがあるんでしょう？」

どうして一緒に外で食べようかって言ってくれないの……？　どうして自分だけで行こうとするの……？　志帆さんは分かってもらえない腹立たしさで、そのまま電話を切ってしまいました。

傾向：気を利かせたつもりが自分のことしか考えていない

おそらく、勝也さんなりの志帆さんへの気遣いで「外で食べてくるよ」と言ったのでしょう。しかし、志帆さんからすればカップラーメンやレトルトカレーがあるとは言ったものの、外食をするならなぜ自分を誘ってくれないのか、疑問でいっぱいです。具合が悪かったと言ったからでしょうか。けれども、心配をしてくれているのなら外食に行かないで早く帰って来てくれたほうが、数百倍もうれしいはずです。

対策：ママの気持ちをおもんぱかることが第一

大切なのは「具合が悪い」と言っていた志帆さんの気持ちをしっかり考えることです。そうすると、志帆さんが期待していた「たまにはそんなごはんでもいいね」の言葉のほかにもいくつか正解が見えてきます。

例えば「せっかくだから、外に食べに行ってみる？　もし体調が良ければの話だけど、赤ちゃんが産まれたらしばらくは外食できなくなっちゃうから、どう？」などなら、体調が悪くて休んでいたという志帆さんの気持ちを汲みつつ、パパなりの愛ある提案ができていています。「産後しばらくは自由が利かなくなってしまう」ということも理解してくれているんだと、ママはうれしい気持ちになるでしょう。

もしくは「体調が悪いならもっとあっさりしたもののほうがいいかもよ。何か食べたいものはない？　僕が買ってくるよ」あるいは「僕が作るよ」でもいいでしょう。

そんな回りくどいことをしないでママのほうから「具合が悪いから何か買ってきてほしい」「ちょっと体調が良くなったから、私も一緒に行きたいな」と、ストレートに言えばいいじゃないかと思うかもしれません。しかし、女性は言わなくても「理解してほしい」生きものなのです。なんだかパパを試しているようにも見えますが、ママはこうしたやり取りのなかから「この人は私のことをちゃんと分かってくれているだろうか」「この人のことを、本当に信頼してもいいのだろうか」と、思考を巡らせているのです。だからこそ「理解されていない」と思ったときの怒りは、悲しさも巻き込んで大きくなります。

繰り返しますが、女性は「理解」と「共感」をしてもらうことで安心感を得るのです。そのことを知っていれば、ママが怒る回数はグッと減るはずです。

CASE2　あれ？　部屋が今朝より散らかっている……

アカリさんは1カ月前に第一子を出産し、慣れない育児に奮闘する毎日を送っていました。寝る時間も起きる時間もまだバラバラな赤ちゃんに振り回されてしまい、なかなか自分の時間が取れません。

「結局、今日も何もできなかった……」

抱っこをしていないとすぐに泣いてしまう赤ちゃんのことでいっぱいいっぱいで、気づけば外は真っ暗です。もうすぐ夫の譲さんが帰って来る時間なのに、畳み掛けの洗濯物はベッドに置かれたままで、洗い物も終わっていません。でもせめて晩ごはんは準備しなければ、となかなか寝ない赤ちゃんをおんぶしながらキッチンに立ちました。すると、

「ただいま～」

と、譲さんが帰宅しました。

「おかえり。ごめんね、今日もこの子の機嫌があんまり良くなくて……。今からごはん作

るから、ちょっと待っててね」

アカリさんは精いっぱいの笑顔で対応します。ところが、

「うわあ、なんか今朝より散らかってるね」

譲さんの言葉に、アカリさんは涙をためて譲さんをにらみつけました。しかし譲さんは驚いた表情を浮かべてこう言うのです。

「ええっ。なんでそんなに怒る必要があるの？　ほら、僕が片付けるから君はごはんの準備を続けて。あ、ところで今日のごはんは何？」

「……もう、知らない！」

傾向：思ったことをすぐ口にしてしまう

もちろん譲さんの「今朝より散らかってるね」という言葉は状況について言っただけであって、決してアカリさんを「君が片付けなかったから今朝より散らかってるんだ」と責め立てる気持ちはなかったはずです。しかし「今日も何もできなかった……」と、心のな

かで自分を責めているアカリさんにとって「散らかってるね」というワードは地雷。「ああ、私が片付けられていないからだ」と、ますます自分を追い詰めてしまいます。

対策：「今日もありがとう」とねぎらいの言葉を

ここで、新生児を育てるママの1日のスケジュール例を見てみましょう。

6時：起床。赤ちゃんのおむつ替えと授乳、家族の朝食の準備
8時：パパお見送り。赤ちゃんのおむつ替えと授乳
10時：赤ちゃんのおむつ替えと授乳、家事や掃除、洗濯など
12時：赤ちゃんのおむつ替えと授乳、昼食
14時：赤ちゃんのおむつ替えと授乳、買い物
16時：赤ちゃんのおむつ替えと授乳、家事や掃除、洗濯など
18時：赤ちゃんの沐浴、おむつ替えと授乳、夕食の準備

20時：赤ちゃんのおむつ替えと授乳
22時：赤ちゃんのおむつ替えと授乳、就寝
24時：赤ちゃんのおむつ替えと授乳
2時：赤ちゃんのおむつ替えと授乳
4時：赤ちゃんのおむつ替えと授乳

2時間おきに、おむつ替えと授乳を繰り返していることが分かります。これは決して冗談ではなく、新生児は本当に1日10回以上おしっこやウンチをするのです。個人差はありますが、おむつが濡れるたびに大泣きするので、ママは休む暇がありません。赤ちゃんが寝ているときに、隙を見て掃除や洗濯といった家事に取り掛かるわけですが、ずっと泣いてなかなか寝ない子もたくさんいます。それに、夜泣きの対応でヘトヘトのママは、赤ちゃんが寝ているときに一緒に睡眠を取らなければ、それこそ寝る暇がないのです。

こんな状況で毎日部屋をきれいに保つのは、難しいことです。ですから、もしも「今朝より散らかってるな」と思ったとしても、絶対に口には出さないでください。

そして、ママが申し訳なさそうに「今日も部屋が片付けられてなくて……」と言ったら「うんうん。大変だったね。でも、ママが一日面倒を見ていてくれたから僕も仕事ができたんだよ。僕が片付けるから、ちょっとでも横になって休んで」と、ねぎらいの言葉を掛けてあげましょう。

これは極論ですが、部屋が散らかっていても死ぬことはありません。多少汚れていてもいいのです。それよりも大切なのは、ママの笑顔と家族の健康です。

ここでアドバイス。もし家事をするのが大変な場合は、行政や民間どちらにも家事をサポートするサービス（家事育児支援ヘルパー派遣事業）があります。それぞれのご家庭でのご事情が許せば、ママと相談してそういうサービスを利用するのも一案かもしれません。行政の窓口に聞いてみてください。

CASE3　ママが夜泣きに悩んでいたら……

大島さん夫婦には、もうじき2カ月になる男の子がいます。1カ月健診では体重も身長も平均以上で、健康優良児の太鼓判を押された元気な赤ちゃんです。

ですがこのところ、おむつを替えてもおっぱいをあげてもすぐに泣いてしまい、夫婦ともにまいっていました。特に夜泣きはひどく、翌日の仕事に響くからと、夫婦で話し合い、夫の健司さんは、平日はしばらく別の部屋で寝るようになりました。しかし、妻の梨絵さんも一人で見るにはもう限界を迎えていました。

この日もまた、泣き声で目を覚まします。時刻は深夜2時を回った頃でした。

「つい30分前におっぱいを飲んで寝たばかりじゃない……。もう起きちゃったの?」

梨絵さんは眠い目をこすりながら息子を抱きかかえ、ゆらゆら揺れながら必死に寝かしつけます。ようやくスースーと寝息が聞こえてきたので、そっと布団に寝かせると、次の瞬間、また火が点いたように泣きだしてしまいました。

「今日もひどいね、夜泣き」

あまりの声に目を覚ましてしまった健司さんが様子を見にやって来ました。

「あ、起こしちゃったよね。明日も早いのにごめんね」

「いやいや、それはいいんだけど、今日も30分おきに泣いてる感じだよね」

「うん……。おっぱいを飲んでいる間は静かなんだけど」

「もしかしてさ、夜泣きするのって母乳が足りてないからってことはない？」

「え？」

梨絵さんは一瞬、健司さんが何を言ったのか分かりませんでした。

「この前の健診でも、体重の増加は順調って言われたばかりなんだけど……。現に、母乳も溢れるくらい出てるし……」

「いやいや、赤ちゃんって新生児のうちはおむつが濡れて気持ち悪くて泣くか、おなかがすいて泣くかのどちらかっていうでしょ。だから、おむつを替えても泣くってことは『もっとおっぱいが飲みたいよ』って言ってるのかもって思ってさ」

健司さんなりに考えてくれたのでしょうが、梨絵さんにはもうこの声は届いていません。

「つまり、あなたは私の母乳が少ないからこの子がずっと泣いてるって言いたいの？」

「え？」

「私、24時間ずっとこの子に付きっきりなんだよ？　母乳だって、あげ過ぎかなって思うくらいなのにこれ以上私に頑張れって言うの？　ただでさえ疲れてるのに、あなたまでそんなこと言わないでよ」

つい声が大きくなってしまい、赤ちゃんも泣きだしてしまいました。梨絵さんの涙も止まりません。健司さんはどうしていいのか分からずオロオロするばかり。気づけば窓からは朝日が差し込んでいました。

傾向：おなかがすいたから泣いていると決めつけがち

夜泣きは、赤ちゃんを育てたことのある人のほとんどが経験しています。

あの手この手を尽くしても一向に泣き止まず、大島さん夫婦のように途方に暮れてしまう人はたくさんいます。実は、なぜ赤ちゃんが夜泣きをするのかという原因はいまだ解明されていないため、これといった解決策はないのです。ところが健司さんのように「おっぱいをあげたら泣き止むんじゃないか」と思い込んでしまう男性は結構います。でも、本当に夜泣きがひどいときには、赤ちゃんはおっぱいすら受け付けてくれないのです。

対策：赤ちゃんが泣く原因はさまざま。わが子にぴったりのあやし方を夫婦で考えよう

ここでのいちばんのＮＧワードは「母乳が足りてない」という言葉です。母乳に関して、産後のママはとても敏感になっています。最近の指導では、完全母乳である必要はまったくありませんが、それでもママたちにとって「母乳神話」は根強いものがあります。母乳が足りないと母親失格と感じてしまい、それが産後うつの引き金になってしまう可能性があります。本来、母乳というものは個人差があり、どの人も同じように分泌するものではありません。そのうえ、分泌はあっても吸いつくのが下手な赤ちゃんもいるので、一概にママだけに原因があるとはいえないのです。

泣き止まないときは抱っこをしたり音楽を聴かせたり、思い切ってドライブに連れて

行ったり、その子によって、適した対応は異なります。ちょっとした実験感覚で「うちの子はこうしたら気持ちが落ちつくのかも」と、夫婦で探り合ってみるのもいいでしょう。

パパは仕事があるから毎日は難しいかもしれませんが、△時から×時はパパが対応する、などと夫婦間で時間を決めて夜泣き対応をするのもおすすめです。夜泣きは心が折れそうになりますが、一生続くわけではありません。成長するにつれて次第になくなっていきます。今はそのための発達途中だと思って、夜泣きを受け入れる覚悟をもちましょう。

大変なことを夫婦で乗り越えた記憶は「良い思い出」として、数十年後には笑い話になっているはずです。そして、苦労したぶん、家族の絆は深まっていくのですよ。

CASE4　0歳から保育園に入れようとするママに対して……

共働き家庭にとって「保活」はつきものです。

保活とは、子どもを保育園に入れるために保護者が行う準備活動のことです。職場復帰を控えているママにとっては、保育園に入れるか入れないかで大きくスケジュールが変わってくるため、赤ちゃんが産まれる前から情報を集めるという人もいます。

しかし、必ずしも希望者が全員保育園に入れるとは限りません。数年前に「保育園落ちた日本死ね」という衝撃的な内容を書いたブログが国会でも取り上げられ、話題になったのを覚えているでしょうか。近年では国を挙げて待機児童の数を減らす動きが活発になっていますが、このようにママにとって保活はその後の生活を大きく左右する重要なものなのです。

生後3カ月の女の子を育てている寛子さんも、保活の真っ最中です。見学に行ったり資料を取り寄せたりと、情報収集に力を入れていました。ところが夫の進一さんはあまり協力的ではありません。

「別に、僕だけの稼ぎでもやっていけるんだからさ、無理して仕事に復帰する必要ないんじゃないの」

と、事あるごとに言ってきます。確かに進一さんが言うとおり、決して経済的に困っているというわけではありませんでした。でも、寛子さんにとって、働くことは自分らしくいるために欠かせないのです。それに、ようやく築き上げたキャリアを手放したくないという思いもありました。だからこそ、絶対にわが子を保育園に入れたいと考えていました。

しかし、どれだけ気持ちを伝えても進一さんは浮かない顔をしています。

「やっぱりさあ、子どもはママと一緒にいるのがいちばんなんじゃないの？」

耳にタコができるほど何度も言われたセリフに、寛子さんはもううんざりしていました。

「そんなこと誰が決めたの？」

「誰が決めたっていうか……。一般的にそういわれてるでしょ」

「でも最近は保育園に預けてるお母さんだってたくさんいるじゃない」

「それはいろいろな家庭の事情があるんだろ？　うちは預けなくたってやっていけるじゃないか」

「預けなくたってやっていけるかもしれないけど、私は外に出て働きたいの。そっちのほうが、子どもにも明るく接することができると思う」

「そうかなあ……。0歳のうちからママと離れ離れにさせられるなんて、やっぱりかわいそうだよ」

進一さんの言葉に、寛子さんは呆れてしまいました。

「あなた、本気で言ってる？」

「え、何が？」

「本気で、保育園に行かせるのがかわいそうだって思ってるの？」

寛子さんの迫力に少したじろぎながらも、進一さんは自分の考えを譲りません。

「そりゃあ、そうだよ。僕が小学生の頃にやんちゃだった子は保育園の出身だったもん。やっぱり、母親と離れて育つと、情緒が育たないんだよ」

「そんな……。母親と離れるっていったって、一日のうちの半分、しかも平日だけだよ。保育園に行った子がみんなそうだったら、世の中の小学校は問題児だらけになっちゃうと思わない？　偏見もち過ぎなんじゃない？」

「いや、でもやっぱり小さいうちから保育園に行かせるなんてかわいそうだってば」

あまりにもしつこい進一さんに、寛子さんはとうとう怒ってしまいます。

「だったら、あなたはできるの？　子どもがかわいそうだからって、今の役職もなにもかも捨てて、子どもと24時間一緒にいる覚悟、できる？」

「いや、僕は父親だからさ……」

「父親とか母親とか、関係ないよ。そんなに親と離れるのがかわいそうだと思うなら、あなたがやってみたらいいじゃない。私にだって、働く権利、あるでしょう?」

涙ながらに訴える寛子さんを前に、進一さんはうろたえてしまいました。

傾向:「子どもはママと一緒がいちばん」と思いがち

ママのなかには自ら「子どもとずっと一緒にいたいから仕事を辞めた」という人もいれば、「社会の一員として女性も働くことが当然だから、保育園に預けて仕事に行きたい」という人もいます。どちらが正しくてどちらが間違っているか、なんて答えは存在しません。なぜなら各家庭によって考え方は違うからです。実際に、進一さんのように「小さいうちから預けるなんてかわいそう」と決めつける人は男女問わずいまだにいます。おそらく、昔は保育園を利用する人のほうがマイノリティだったので、その価値観が残っているのでしょう。

対策：ママの思いを汲んで自分たちなりの正解を見つける

保育園に預けられた子どもは、家族以外のほかの大人や同世代の子どもと触れ合うことでたくさんの刺激を受けることができます。早くから集団行動に慣れるため、ママのなかには「うちは保育園に行っていないと礼儀作法が身につかなかったかもしれない」と言う人もいます。また「保育園に預けて会社に行くことで、気持ちが切り替えられる。そのほうが子どもにも優しくなれた気がする」と言うママもいます。でも、進一さんの言うように早くから預けるのは心配だという気持ちも分かります。

ですから「自分はこう思う」を押しつけるのではなく、お互いの考えや気持ちを共有し合って、自分たちなりの答えを導き出しましょう。

ちなみに、「赤ちゃんの成長には母親が24時間ずっと一緒にいるほうがいい」という考えを覆す研究結果があります。

1999年、アメリカのナショナル・ロンディツードゥナルサーベー・オブ・ユースという研究グループが、乳児期の母親の早期就労復帰は子どもの問題行動の発達に影響するかを調査しました。発表された論文によると、1万2600人の女性たちから生まれた子ども2095人を「多感な時期」といわれる12歳まで追跡し、子どもに問題行動が出たかどうかを測定した結果、母親の早期就労と問題行動はリンクしていないことが分かりました。

このことからも決して「母親と離れて育つと、情緒が育たない」わけではないことが分かります。

CASE5 「昔と今では育児の常識は変わっている」というママの言葉に……

「う〜ん。またあせもができちゃってるなあ」

陽子さんはお風呂上がりの息子をタオルで拭きながら、困った声を上げました。6カ月になる息子は皮膚が少し弱く、すぐに肌があせもだらけになってしまうことに悩んでいたのです。

「この前病院でもらった薬を塗ってるんだけど、なかなか良くならないんだよねえ」

食べものがいけないのだろうか、洋服の繊維が原因なんだろうか、部屋の湿度は？　換気は？　気温は？　と、ありとあらゆる原因をネットや本で調べて、陽子さんなりに息子が快適に暮らせるための情報を仕入れようと必死です。

「だからさ、この前、僕の母さんが言ってたじゃん。なんだっけほらあれ、ベビーパウダー！　俺が小さい頃はその粉をはたいておけばすぐ良くなったって」

スマホを見ながら、夫の啓介さんが言います。

「でも……、ベビーパウダーは良くないってこの前小児科で言われたんだよ。粒子が気管に入ってむせちゃうこともあるし、つけ過ぎると汗腺をふさいじゃうから余計にあせもができやすくなりますよって」

「え～、でも母さんはそれがいいって言ってたし」

「う～ん。でも、昔と今では育児の常識も変わってきてるからね」

陽子さんは「母さん母さんって、うるさいな」と思う気持ちをグッとこらえて笑顔で返事をしました。ところが啓介さんは、

「でもさあ、先人にならえってよくいうじゃん。やっぱり気になることがあったら、すでにその道を通ってきた経験者に聞くのがいいんじゃないの？」

と、悪気なくこの話を続けようとします。

「……確かにそれも一理あるけど、でも小児科の先生がそう言ってたから、まずはちゃんと病院で処方された薬を試したほうがいいかなって思って。ベビーパウダーもやってみたけど、この子には合わなかったみたいだしさ」

陽子さんはうんざりしながらも、必死で平然を装いました。しかし、次の啓介さんの一言でついにガマンできなくなりました。

「でもさあ、処方されてる薬ってステロイドとかいうのが入ってるんじゃない？　それってあんまり良くないいんでしょ」

「……誰が言ってたの？」

「だから、僕の母さんだよ。むやみやたらに薬を塗るのは良くないって」

「……お義母さまの時代はそうだったのかもね。でも、今の薬は安全だから大丈夫だと思うよ」

「え～。どうかなあ。母さんに聞いてみようよ」

「もう、さっきから母さん母さんって！　この子の母親は誰だと思ってるの？」

その後、陽子さんは翌日まで口を利いてくれませんでした。

傾向：自分の母親こそが育児の先輩だと疑わない

もちろん、啓介さんは良かれと思って自分の母親に聞いてみようと提案したのでしょう。自分を育ててくれた母親を慕って「なんでも聞けば間違いない」と思う男性は少なくありません。しかし、陽子さんが言っていたとおり、昔と今では育児の常識がだいぶ変わっています。以前は良しとされていたことが、時代の流れとともに現代ではNGとされるケースもたくさんあるのです。

対策：自分の母親に頼るのではなく、一緒に考える

たとえどんなに嫁姑の関係が良好であろうとも、やはり夫婦の会話のなかで何度も母親の名前が出てくると、不快に思う女性は多いでしょう。

どれだけ仲が良かったとしても、結局のところ嫁からすれば義理の母は「他人」です。「どうすれば改善されるだろう」と話し合っている最中に、何度も「母さんに聞いてみよう」「母さんが言うには……」と他人のアドバイスを持ち出されたところで響くはずがないのです。ここでの正解は「僕も調べてみるね」と、一緒に考えようとする姿勢を見せることです。育児も常にアップデートされていますから、必ずしも自分の母親の考えが正しいとは限らないことを、頭のなかに入れておきましょう。

ちなみに、もめる事例としてよくあるのが「白湯」についてです。昔は、お風呂上がりなどに白湯をベビーに飲ませていましたが、今の指導では生後3カ月まではNGとなっています。むせやすいからという理由ですが、これも年代によって見解に相違があります。

CASE6　ベビーフードに頼っているママを見て……

真衣さんは、娘の月齢が6カ月に突入したことを機に離乳食を開始しました。料理は正直苦手ではありましたが、娘が口にするものくらいは手作りをしたいと思い、レシピサイトを片手に野菜をトロトロに煮たり、おかゆを作って冷凍したりと真衣さんなりに頑張っていました。

ところが、それを見た夫の康太さんは、

「うわあ、赤ちゃんってそんなまずそうなもの食べないといけないんだ」

と、あからさまに嫌そうな顔をします。

「まずそうってどういうこと……？　これでも一生懸命作ってるんだけど……」

「あ、いやいや真衣の作り方がダメっていうわけじゃなくて、ほら、野菜とかそんなにグズグズに煮たらおいしくなさそうだなあってこと。早く大きくなって、一緒のごはんが食べられたらいいよね」

「……まあ、そうだね」

真衣さんは、何かひっかかるものを感じながらも「確かに、早く一緒のごはんが食べられるようになったら楽になるなあ」と思い、モヤモヤする気持ちに蓋をしました。

それからしばらく経ったある日のことでした。

「これくらいあれば、しばらくはなんとかなるかな？」

真衣さんは、袋いっぱいに詰められたレトルトのベビーフードをテーブルの上に置きました。

「何これ？」

康太さんは物珍しそうな顔でベビーフードの瓶を眺めています。

「それね、レトルトのベビーフードなんだけど、最近のはすっごくよくできてるんだって。この前、市が開いてる育児サロンに行ったときに先輩ママに教えてもらったんだ」

「え、これ赤ちゃんが食べるの？」

「そうだけど……？」

「赤ちゃんのうちからレトルト食べさせるなんて、かわいそうじゃない？」

康太さんの言葉に、真衣さんは少し眉間にしわを寄せました。

「どういうこと？」

「だってさあ、レトルト食品ってやっぱり添加物とか入ってるわけでしょ？　早いうちからそんな味に慣れてたら、大人になって大変じゃないかなあと思って」

「でも、企業の人たちが研究に研究を重ねて、赤ちゃんが食べやすい味に作ってるわけだから、下手に作るよりいいと思うんだよね。自分では思いつかない組み合わせもあるから、いろんな食材を試すときにもすごく便利なんだって。それに最近はほとんどのベビーフードが無添加なんだよ」

「え～」

「ほら、これなんか裏ごししたかぼちゃをフリーズドライしてるから、お湯に溶くだけで一品できるんだよ。すごくない？　自分でかぼちゃを裏ごししようとしたらかなり時間がかかるから、こういうのは時短になって助かるよね」

必死でベビーフードの良さを康太さんに伝える真衣さん。しかし、康太さんは笑いだしてしまいました。

「時短って！　真衣は今、育休中で時間はたっぷりあるじゃん。時短なんかする必要ある？」

「え？」

「やっぱりさあ、手作りのほうがうれしいんじゃない？」

真衣さんの顔からは、みるみる表情が失われていってしまいました。

傾向：離乳食作りの過程の大変さを知らずに、市販のものは良くないと決め込む

子育て中のママにとって、離乳食は一つの課題です。

大人が食べているものとは違い、食材は裏ごしをしたり細かく刻んだり、喉に詰まらせないようにトロトロに煮込んだり、月齢ごとに合った調理法でさまざまな食材を試さないといけません。しかも、牛乳や小麦、カニやエビなど、アレルギーが出やすい食材を食べさせる場合は、もしもの場合を考えて医療機関に行きやすい午前中のうちに試してしばらく様子を見なければならないなど、さまざまなルールがあるのです。こんなに大変なのに、

どんなに時間をかけて作ったとしても、赤ちゃんが全部食べてくれるとは限りません。ひどいときには一口も食べずにそのまま捨ててしまうということも、よくあります。

その過程を知らず、出来上がった料理しか見ていないのに、つい無神経なことを言ってしまう康太さんのような男性の話は枚挙にいとまがありません。

対策：口出しする前に自分がやって、ママの大変さを理解する

真衣さんだけに任せるのではなく、離乳食を作って食べさせる経験を、康太さん自身もやってみたらいいでしょう。そうすれば「おいしくなさそう」とか「手作りのほうがうれしいんじゃない？」なんてことは、言えなくなるでしょう。

また、最近のベビーフードは本当によくできています。同じものを家で作ろうとしたら、かなりの時間と労力と費用がかかってしまうようなものが、ほんの数百円で手に入るのです。しかも、赤ちゃんの食べやすさを徹底的に考えて作られ、さらに企業の基準をクリアしているものだけが販売されていますから、栄養面でも衛生面でも安心できます。

ですから、もしもベビーフードを使うことでママの負担が軽減されるのだとしたら、大いに使うべきでしょう。それに対して「手作りのほうがうれしいのでは」なんて決めつけてしまっては、ママも「ベビーフードを使って楽をしようとしてた自分が恥ずかしい」と、落ち込んでしまうかもしれません。

離乳食も、ベビーシッターサービスも、時短家電も、使うことでママが笑顔になり、結果として家族に平和が訪れるのなら、活用しない手はないでしょう。

もちろん、なかには康太さんのように「手作りのほうがいい」と思うママもいるでしょう。私はここで「絶対にベビーフードを使ったほうがいい」とも「ベビーフードは悪だ」とも言いたいわけではありません。ただただ、ママの気持ちに寄り添ってあげてほしいだけなのです。

CASE7　子どもが風邪をひいてしまった……

パパからの「手伝う」という表現は、育児においてはご法度です。安田さん夫婦も、夫・武さんの「手伝うよ」というたった一言が原因で一気に険悪なムードになってしまいました。

その日、妻の舞子さんは、仕事中に保育園から「娘さんがお熱を出したのでお迎えをお願いします」と連絡を受けました。

「またか……」

娘の容態が心配な一方で、舞子さんは思わずポツリ。1歳になったばかりの娘はこのところ1カ月に1度は熱を出し、舞子さんはそのたびに仕事を早退したり有休を取ったりしていたのです。

病院を受診すると、ただの風邪とのことですが、熱が下がるまではまた会社を休まなければいけません。

「またお熱出たから仕事休まなきゃ」

舞子さんは夫の健さんにメールを送りました。

「そうなの？　大変だね。今はどんな感じ？」

健さんからの返事に舞子さんはこう返します。

「今は落ちついて寝てるよ。この間にできるだけ仕事を進めて、迷惑かけないようにしなくちゃ……。やることがたくさんあり過ぎるよ～」

そして、次に来た健さんからのメールに、ショックを受けました。

「俺も手伝うから、頑張ろう」

（手伝うって……なんでそんなに他人事みたいな言い方するの……？）

仕事と育児の疲れもあってか、舞子さんは涙が止まりません。しかし、悪気なくこのメッセージを送ってしまった健さんからすれば、なぜ舞子さんが泣いてしまうのか分からないのでした。

傾向：ついポロッと出てしまう「手伝うよ」

「俺って結構子育て手伝ってるほうだからさ」「なんかあったら手伝うから声掛けてね」なんてつい言ってしまい、激高されてしまったというパパの話をこれまでに何度も聞いてきました。

「手伝う」を辞書で引くと「他人の仕事を助けること」というような意味が書かれています。パパはそんなつもりで言ったわけではなくても、「手伝うよ」と言われたママからすると「つまり、子育ては私が主体でやって、あなたはあくまでサポートをする立場だと言いたいの？」と思われてしまうのです。

対策：状況を観察して自ら動けるように意識を！

子どもは二人で育てるのが当たり前ですから、まるで他人事のように「サポートするよ」というふうにとられてしまう言い方は絶対にＮＧです。この場合は「できるだけ仕事を早く終わらせて帰るから」と、舞子さんの負担を減らせる方法を考えていることが分かるような返答と「本当にいつもありがとう」という感謝の気持ちをまずは伝えましょう。

家事や育児は二人でこなすもの。今この瞬間から「手伝う」という言葉を夫婦の育児辞書から削除してくださいね。

CASE8　仕事終わりに休憩していたら、子どもが泣きだした……

テレワークを導入する企業が増えた昨今、大輔さんの会社でも出社が制限され、自宅での仕事を命じられました。ところが、自宅にはヤンチャな盛りの1歳の男の子がいます。仕事部屋はあるものの、オンライン会議中に大声を出して迷惑を掛けてしまわないか、妻の奈々さんはヒヤヒヤしていました。

できるだけ邪魔にならないように、子どもの機嫌をうかがいながら家事をする日々に、奈々さんは限界を感じていました。

その日大輔さんは、仕事のあとに新入社員の歓迎会をオンライン飲み会で開催するということで奈々さんに、

「簡単でいいから、ちょっとしたおつまみがあるとうれしいな。ママが作るごはんはおいしいって、みんなに自慢しちゃってさ」

と、猫なで声です。まあ、おつまみくらいはいいか……と、奈々さんは渋々承諾し、オンライン飲み会の開始時刻に合わせて準備を進めていました。その間、息子にはテレビでアニメを見せています。ところが、アニメに飽きてしまったのか、突然泣きだしてしまいました。

奈々さんは揚げ物をしている最中で手が離せません。時計を見るとそろそろ大輔さんの仕事が終わる時間です。部屋から出てきたら、面倒を見てもらおうと考えていると、ちょうどいいタイミングで仕事部屋のドアが開き、大輔さんが出て来ました。

「あ、ちょうどよかった」

奈々さんが言いかけたそのとき、大輔さんは「はぁ～疲れた！」とソファにどかっと座ると、息子が泣いているすぐそばでスマホをいじりだしました。挙げ句の果てに、

「ちょっとママ～、泣いてるよ～」

と、キッチンにいる奈々さんを呼び出す始末です。

「私、あなたのおつまみを作っていて手が離せないの。少しの間、面倒見ててくれない？」

と声を掛けると、大輔さんはハァとため息をつき、息子に向かって、

「今日はさぁ、すげぇ長い会議があってパパはもうヘトヘトなんだよね。ちょっと静かにしててほしいなあ」

と、冗談交じりに言いました。パパの姿を見つけた息子の泣き声は、ますます大きくなります。その様子を見ていた奈々さんは悲しくなりました。

「私だって疲れてるんだけど……」

「……え？」

「あなたがテレワークになってから、朝昼晩の３食を準備するだけで大変なの。しかも、ちょっと目を離した隙にどんないたずらをしでかすか分からない１歳児を見ながら……。おまけに騒ぐと仕事の邪魔になるだろうと思って、これでも気を使ってるってこと、少し

くらいは分かってほしいよ」

「あ……ご、ごめん」

「あと、さっき『泣いてるよ』って私のこと呼んだけど、私が料理をしている間はあなたが抱き上げるとかあやすとかしてくれたら、すごく助かるんだよね」

「は、はい……」

大輔さんは肩をすぼめて小さくなってしまいました。

傾向：「泣いてるよ～」と、すぐにママを呼ぶ

「泣いてるのになんでほうっておくの？」「泣いてるんだから、抱っこしてあげたら？」などと言ってしまうパパは、意外と多いのです。「そんなことを言う暇があるなら、あなたがやりなさいよ」というのが、ママの本音です。

ママも抱っこしたい気持ちはヤマヤマ……。でも、忙しいのです。

対策：自分がすべきことを即座に判断して行動に移す

目の前で泣いているのは、ほかでもないパパとママ二人の子どもです。その自覚をしっかりもちましょう。この場合の正解は、「面倒を見てて」とお願いされるよりも前に、自分が何をすべきか判断して行動することです。初めからママ任せにするのではなく、まずは手の空いているパパができることをする姿を見せることが肝心です。それでも泣き止ませるのが難しそうなら、ママに頼ればいいのです。成果よりも一緒に取り組む過程が大切です。くれぐれも「抱っこはママが当たり前」にはしないでくださいね！

CASE9　ママ抜きで初めて子どもと過ごすことに……

1週間後に職場復帰を控えたサクラさんは、約1年の育児休暇を経て「現場に戻れる！」といううれしさと、「ちゃんと前みたいに働けるかな」という不安と、いろいろな感情を抱いています。

そんなときに、同僚から「ちょっと早いけど、復帰を記念して久しぶりに食事に行かない？」とのお誘いがありました。休暇中は子どものことでいっぱいいっぱいで、自分の時間なんて取れなかったサクラさんにとっては夢のような話です。

「行きたい！ でも、子どもどうしよう」

「サクラの旦那さんの仕事、いつが休み？」

「土日だけど」

「じゃあ、来週の土曜日の夜にしようよ。それなら旦那さんも仕事休みだから、子ども見てもらえるんじゃない？」

「え〜。できるかなあ」

「できるできる！ うちもそうするつもりだよ。もう1歳だし、大丈夫だよ」

「本当に？」

「うん。それに1年間頑張ったんだからさ、ちょっとくらいワガママ言ったたって許されるよ」

「そうかなあ……」

同僚の言葉に背中を押されるようにして、サクラさんはその日の夜、夫の直樹さんに出掛けてもいいか相談をしました。

「ね、お願い！　私、ずっと一人で出掛けてなかったし、仕事が始まったらまたバタバタしちゃってこんな機会あんまりないと思うの。いい？」

「なんだ、そんなこと。いいに決まってるじゃん。楽しんでおいでよ」

直樹さんはにっこりとそのお願いを聞いてくれたのでした。

そして当日。

「帰りは23時くらいになるかもしれないけど、本当に大丈夫？」

「いいよいいよ。家のことは気にしないで、ゆっくりしておいで」

「うん！　ありがとう！」

笑顔で送り出してもらい、サクラさんは上機嫌でした。子どものことを気にせずに自分のペースで食事ができる喜びや、同僚と仕事の話ができる幸せを噛み締めていました。ところが、1時間ほど経つと頻繁にサクラさんのスマホが鳴りだしました。

「ねえ、さっきからめちゃくちゃ連絡来てない？　大丈夫？」

さすがに同僚も心配しています。

「う、うん……」

連絡をしてきた相手は、直樹さんです。

「『ママ、ママ』ってずっと泣いてる」「少し早めに帰れませんか？」「僕が抱いてもすごい嫌がられて大変」

サクラさんは「ごめん」と同僚に謝り、食事を早めに切り上げて帰宅しました。

「遅いよ。何時だと思ってるの？」

帰った途端、直樹さんはブスッとして言います。

「え、でも23時くらいになるかもって、事前に伝えたし……」

「そうだとしてもさ、泣き止まないって、連絡入れたよね？」

「……だから早く帰って来たじゃない」

さっきまであんなに楽しい時間を過ごしていたのに、サクラさんの顔はどんどん曇っていってしまいました。

傾向：何かあるごとにすぐにママに連絡する

平日は仕事で夜遅くに帰ってくる直樹さんは、なかなか子育てに関わる機会がもてません。休日もなんだかんだでサクラさんがいるため、自分一人で一から面倒を見るのはこれが初めてでした。「なんとかできるだろう」と思ってはいたものの「泣き止まない」「ごはんを食べない」「全然寝ない」など、予想だにしないトラブルの連発に直樹さんは焦り、連絡がつかないことにいら立ってしまったのです。

対策：事前にどのようにすべきか情報共有を！

逆の立場で考えてみましょう。もしもあなたが親しい友人との飲み会に出かけた際に、まだ開始して間もないときから「いつ帰って来る？」「子どもがずっと泣いていて大変です」と頻繁に連絡が来たら、どう思うでしょうか。楽しい気分に水を差されたと感じませんか。

こうならないためには、日頃から育児に関わっておくことがなによりの対策です。しかし、直樹さんのようにそうはいかない人もいます。その場合は「泣いたときに読むと喜ぶ絵本」や「寝かしつけに最適な体勢」など、育児に関する情報を事前にしっかり共有してもらいましょう。ただし、いつも子育てを担っているママでさえ、子どもが泣き止まない、寝てくれない場面は多々あります。そのときは、どうにか知恵を振り絞って、子どもの気をそらしたり、あやしたりしながら乗り越えていることを分かっておいてください。ママだから万事うまくいっているわけでは決してありません。

また、たとえ帰りが遅くなったとしても開口一番に「何時だと思ってるの?」などと、出かけたことへの罪悪感を植え付けるようなことを言わないでほしいのです。せっかくパパが一人で奮闘した時間もお互いにマイナスになっては残念だと思いませんか。「全然泣き止まないし、寝てくれないから大変だったよ。毎日よくこんなに大変なことをして、すごいよね」と、声を掛ける余裕をもちましょう。そうすることで、きっとママも「分かってくれたんだ。また明日から頑張ろう」と思えるはずです。そして、きっとパパへの感謝も倍増するでしょう。

CASE10 「すぐ動いてくれないよね」と言うママに……

「本当、野田さんの旦那さんっていいパパよね～」

知佳さんの夫・雅也さんは、毎朝出勤前に娘を保育園に送り届けてくれます。園の行事にも積極的に参加し、ママ友の輪にも溶け込めるため、保護者や先生たちの間では評判のパパです。周りからは「羨ましい」「理想のパパ」と言われることがしょっちゅうでした。

確かに、料理はそれなりにできるし、娘と二人きりで出かけることもできるし、一般的に見たら、かなり育児に積極的であることは間違いありません。知佳さん自身とても助けられていました。

ある休日、知佳さんは終わっていない仕事を進めようと、リビングでパソコンを開きました。ところが、1歳になる娘がすかさず膝に乗ってきて邪魔をします。

「ママちょっとだけお仕事したいから、どいてくれる？」

と優しく声を掛けても、分かってもらえるはずがありません。ママのパソコンをおもちゃだと思い、目を輝かせてベタベタと触っています。

困った知佳さんは、ソファで寝転んでスマホをいじっている雅也さんに声を掛けました。

「ごめーん！　私、どうしてもこの仕事終わらせないといけないから、少しの間この子のこと見ててくれない？」

雅也さんはスマホから目を離さずに、

「んー」

と、生返事をします。

「お願い。すぐ終わるから」

「あ～……。ちょっと待ってて」

雅也さんはなおもスマホを見たままです。

「ちょっと待ってててって言っても、今ゲームしてるだけだよね」

知佳さんの言葉には、少し怒りがこもっています。

雅也さんは、確かに育児に協力的ではありますが、一方で自分の趣味であるゲームに没頭している間は、家族のことがまったく見えなくなってしまうのです。

「あとちょっとでクリアできそうだから、これが終わってからでもいい？」

「もう、本当いい加減にしてよ！　ゲームと家族と、どっちが大事なの⁉　なんで助けてって言ってるのにそうやってゲームを優先するのよ！」

相変わらずゲームに熱中している雅也さんに、今回ばかりはついにキレてしまった知佳さん。あまりの声のボリュームに、さすがの雅也さんもスマホを置いて知佳さんの顔を見ました。

「別にゲームを優先してるつもりはないけど……」

「だってこういうときにすぐ動いてくれないじゃない」

「すぐ動いてくれないって言うけどさあ……。俺、ほかの人よりやってるほうだと思うけど？」

まさかの雅也さんの言葉に、知佳さんは一瞬戸惑います。

「え、やってるって、何を？」

「育児だよ。毎朝保育園まで連れて行ってるし、行事があるときは仕事の休みとって積極的に参加してるつもりだけど。周りはパパがそこまでしてる家、少ないよ。職場でも『そこまでしてくれる夫はなかなかいない』って、言われるよ」

「確かに普段は積極的に関わってくれてすごく助かってるけど……。でも、ほかの人と比べても意味ないじゃない。私の気持ちを聞いてよ……」

知佳さんは、がっくりとうなだれてしまったのでした。

傾向：「自分はよく頑張っているほう」と、周りと比べがち

競争社会で生きている男性が多いからなのか、つい「あいつより俺はできる」「あいつより努力している」と、周りと比べて優劣をつけようとしがちです。しかし、自分がどれだけ育児をやっているのかどうなのか、周りのものさしで測っても意味がありません。大切なのは、相手（ママ）がどう感じているのかです。

対策：まずは素直に謝る

もしも、それでも自分はちゃんとやっているのだという自信があるなら、わざわざ誰かと比較せずに「自分なりには精いっぱい頑張ってるつもりだよ」と、素直に言えばいいでしょう。

しかし、この場合は「肝心なときにゲームを優先されるのが嫌だ。やめてほしい」と知佳さんははっきりと意思表示をしています。それに対して「そんなことといっても育児やってるほうだし」なんていうのは、そもそも返事になっていませんよね。

まずは「自分では意識していなかったけど、気づけなくてごめんね」と素直に謝りましょう。でも、雅也さんはよくやっていると思います。ただ最後の詰めが甘かったですね。せっかく頑張っているのに、ここぞというポイントを逃すと日頃の努力も水の泡になりかねません。惜しい‼　ちょっとした気配りでこの災難は避けられたはずです。

CASE11 「太っちゃったなあ」と落ち込むママを前に……

以前はスタイルの良さが自慢だった久美さん。

ところが1年前に息子を出産してからというもの、妊娠時に増えた10kgの体重がなかなか戻らず落ち込んでいました。妊娠前に着ていた洋服はどれもピチピチで入らず、最近はジャージのような楽な姿で過ごすことが多くなっていました。

一方、夫の芳雄さんは出産を機に「強い父親になって、息子に尊敬してもらいたい！」と、ジム通いにハマった模様です。もともと痩せ型だったのに加え筋肉がつき、体脂肪はアスリート並みになりました。

そんなときに、久美さんのもとへ高校の同窓会の知らせが届きます。

「同窓会……。行きたいなあ」

久美さんのつぶやきを聞いていた芳雄さんは、

「いいよ、行っておいでよ。子どもは見とくし」

と、言ってくれます。

「うぅーん。でもなあ」

「何？」

「いやぁ〜ほら、私太っちゃったからさあ、着て行く服がないんだ。笑っちゃうよね」

気を遣われ過ぎても虚しくなるので、久美さんは努めて明るく言います。そんな久美さんを見て、芳雄さんはこう言ったのです。

「うん、確かにちょっと太ったよね。昔の久美はもっと肩回りが華奢だったし、おしりもそんなに大きくなかった」

思わぬ芳雄さんの批判に、久美さんは少しショックを受けてしまいました。

「言われなくったって自分でも分かってるよ！　なかなか痩せなくて私だって悩んでるんだから……」

「久美もさあ、俺みたいにジムに行ったら？」

芳雄さんは自慢の上腕二頭筋を見せつけてうれしそうです。

しかし、久美さんの顔は次第に曇っていきます。

「え？　どうしたの？」

「あなたが仕事から帰って来たらごはんが用意されてるの、なんでだと思う？」

「え……。それは、久美が用意してくれてるから……」

「そう。じゃあ、あなたが仕事終わりにジムに行けるのはなんでだと思う？」

「え……。それは、仕事が早く終わったから……？」

「違うよ。あなたが仕事終わりにジムに行けるのは、私がその間に子どもの面倒を見てるからよ」

「あっ……」

「軽々しくお前もジムに行ったらなんて言わないでよ。その間、家のことは誰がやるの？あなたがやってくれるの？」

「それは……」

「あなたみたいに、好きに自分の時間使えるわけじゃないんだよ、私は！」

久美さんは怒りのあまりテーブルをダンッと叩いてしまいした。芳雄さんは「まずい！」と思い、慌てて謝ります。

「ごめん！　本当にごめん！　そうだよな、俺が働けるのもジムに行けるのも、久美の支えがあってこそだよ。当たり前になり過ぎて感謝の気持ちが欠けてた。ごめん！」

「別に、いいけど……」

「おわびにさ、同窓会に着て行く服、買いに行こうよ。ほら、もっと太っても大丈夫なように、体のラインがあんまり出ないふわっとしたワンピースなんかいいんじゃない？　久美、アイドル系の顔だから似合うと思うよ」

「……もういい！」

芳雄さんは、さらに状況を悪くしてしまったことにどうやら気づいていないようです。

傾向：悪気なく体型や外見の変化を口にする

妊娠中の体重は、一般的に7～12kg増えるといわれています。

出産を終えて自然と戻る人もいますが、みんながみんなそうではありません。出産による骨盤のゆがみや夜泣き対応による不規則な睡眠時間、筋力の低下やホルモンバランスの変化など、さまざまな理由から久美さんのようになかなか痩せずに「どうしよう……」と悩む人もいるのです。しかし一方で、ストレスで妊娠前より痩せてしまい「このままじゃ体力が落ちていく一方だ」と落ち込む人もいます。いずれにしても、ママたちは出産前とは異なる自分の体に、戸惑いを感じているのです。しかし、まさかそこまで思い悩んでいるとは知らない芳雄さんは、つい無神経なことを言ってしまったのです。

対策：ありのままを肯定し、前向きな提案を

もちろん、芳雄さんにとっては痩せていようが太っていようが、久美さんは久美さんです。愛する気持ちに変わりはないのでしょう。だからこそ、久美さんが太っても、芳雄さんからは「痩せたほうがいいよ」とは言わなかったのだと思います。でも「太ってしまった」ということに自分の気持ちがフォーカスされている久美さんにとっては、何を言われても「お前は太っている」とバカにされた気持ちになってしまうのです。男性には理解しにくいかもしれませんが、女性は特に体型については敏感です。

こんなときの対処法は、シンプルに「そのままのあなたが一番だよ」と、ありのままを肯定してあげることです。それでも、人によっては「私は痩せていた頃に戻りたいの!」と嘆くかもしれません。そんなときには、例えば「休日の昼間は子どもをベビーカーに乗せてみんなでウォーキングに行くようにしよう」と提案するのもいいでしょう。あるいは「仕事が休みの土曜は僕が家のことをやるから、ママは週1でジムに通ってみるのはどう?」という提案もいいかと思います。

大切なのはママの悩みを受け入れて、真剣に聞いてあげることです。

CASE12 「静かにして!」と怒るママに……

青山夫婦は、2歳と1歳の年子を育てています。

最近、2歳になる娘には恐れていた「イヤイヤ期」が訪れ、妻の真美さんは毎日疲弊していました。公園に出掛けるとなかなか帰らない、買い物に行くとお菓子を買ってほしいと言って床に寝転んで泣き叫ぶ、注意をすると癇癪《かんしゃく》を起こして手がつけられないということが頻繁に起きていました。

「もう、本当に大変なんだよ」

その日も、真美さんは仕事から帰って来た夫の優太さんに今日の出来事を話しました。

「今日もお菓子売り場のところで駄々こねられてさ、ものすごい声で泣くから、買い物しないでそのまま帰って来ちゃった。だから、今日のおかずは冷凍してたお惣菜なんだ。ごめんね」

「別にいいよ。大変だったんだね」

食卓に着き、ごはんを食べる優太さんに、真美さんは続けて話し掛けます。

「このイヤイヤ期って、いつ終わるんだろうね」

「う～ん。しばらくは続くんじゃない」

「やっぱりそうなのかな？　もう、本当に頭がおかしくなりそう～」

「話聞いてると、大変そうだなって思うよ」

「でしょ⁉」

その瞬間、寝室から娘の泣き声が聞こえてきました。

「ああ、また始まった……。やっと夜泣きが収まったと思ったのに、最近またあんな感じで泣くようになったんだよね」

「そうなんだ」

すると、お姉ちゃんの泣き声で目を覚ましてしまった弟も、つられて泣きだしました。こうなるともう大変です。

「ああ～もう！　ちょっと静かにして～！」

真美さんは頭をかきむしりながら寝室に向かおうとします。すると、優太さんから信じられない言葉を投げ掛けられたのです。

「まあまあ、子ども相手にそんなにイライラしないで」

その瞬間、真美さんの怒りのスイッチが入りました。

「あなた、今なんて言った？」

「だから、子どもにイライラしたところでどうにもならないでしょ。ほら、イライラが子どもに伝わると余計に悪化するともいうし。イヤイヤ期って一生続くわけじゃないんだから、そうカリカリしなくてもいいんじゃないかと思って」

「そういうところ、なんにも分かってない！」

言い合いをしている最中も泣き声の大合唱は止まりません。結局優太さんは、真美さんがなぜそこまで怒ったのかが分からないまま、朝を迎えるのでした。

傾向：ド正論を突きつけてしまう

優太さんが言っていることは確かに〝ごもっとも〟です。ママのイライラはすぐに子どもに伝わりますし、イヤイヤ期も時期が過ぎれば「なんだったんだろう」というほど、スッと落ちつきます。

でも、そんなことはママだって十分過ぎるほど分かっているのです。分かっていても、毎日のように子どもの相手をしていたら「いつまで続くんだろう」「もう限界！」と言いたくもなるものです。普段、家にいない優太さんにとっては「わが子＝かわいい」だけなので、軽々しく「怒らないでよ」と言えるのかもしれません。しかし、毎日イヤイヤ期の対応をしている真美さんからすれば、わが子がモンスターのように見えるときもあるのです。

対策：仕事に置き換えて考え、ママの大変さを理解する

職場に新人が入ってきて、あなたが指導担当になったとします。

しかし、何度同じことを教えても失敗を繰り返すばかりで一向に成長しません。

「何回言ったら分かるんだよ！」

と、つい声を荒げてしまったら、泣きだし、挙げ句の果てにこちらをギロリとにらみつけて、あからさまに不機嫌な態度を取られてしまいました。

あなたはそれでも「新人相手にイライラするなよ」と言えますか？　どんなに頭では分かっていても、ついムキになってしまうのではないでしょうか。

子育ても同じです。

どれだけ頭では理解していても、やっぱりイライラしてしまうものです。「怒ったって

仕方がない」なんてことは、パパにわざわざ言われなくても嫌というほど分かっているのです。そんなときに味方であるはずのパートナーから非難されるようなことを言われたママは、もう行き場をなくしてしまいます。

まずは、それほど大変な思いをして子どもたちを育てていることについて理解を示しましょう。そして「大変だよね。イライラしちゃう気持ち、分かるよ」と、共感してあげてください。

とにかく「一緒に子育てをしている」ということを忘れないでいてほしいのです。

ちなみに、イヤイヤ期の子どもを育てているママのなかには「私の育て方が間違っているからこんなにワガママになってるのかも」「保育園で同じ組の○○ちゃんはすでにイヤイヤ期を脱したっていってるのに」「もしかしたらしつけが厳し過ぎて反抗的になってるのかも」などと、イヤイヤ期の原因をつい自分だと考えてしまう人がいます。

しかし、イヤイヤ期にはしっかりとした原因があります。

それは、脳の表層にある「前頭前野」と呼ばれる部分にあります。赤ちゃんはまだここが機能し始めていません。ここが未発達のうちは、脳の中心付近から湧き起こる「眠い」

「おなかがすいた」「気に食わない」といった「本能的な欲求」を抑えることができないのです。結果、イヤイヤ行動が引き起こされてしまうというわけです。

つまり、イヤイヤ期は今まさに子どもの脳が成長しようとしている過程。もしママが悩んでいたら教えてあげてください。

CASE13 泣いていた娘がママの対応で静かになった……

横井さん夫婦の間には、3歳になる女の子がいます。

おしゃべりが上手で、まだたどたどしい話し方ではありながらも「最近は会話が成り立つようになって、育児がだいぶ楽になった」と、妻の玲さんはニコニコしています。喃語《なんご》をしゃべる赤ちゃん時代は、それはそれでかわいかったものの、やはり「今何をしたいのか」「どうして泣いているのか」を、子どものほうから教えてもらえるようになると、一気に子育ての負担が減ります。

「まあ、そのぶん生意気なことも言うから、今度は違う意味で負担になってきてはいるけどね……」と玲さんがつぶやくと、夫の渉さんは「そんなところもたまらなくかわいいんだよなあ」と、すっかりメロメロです。

その日、渉さんが久しぶりに早く帰宅したため、玲さんは一人でお風呂に浸かっていました。独身の頃は音楽を聴きながらアロマを焚いて半身浴をするのが趣味でした。子どもが産まれてからは何事も娘優先になってしまっていたため、ゆっくりと湯船に浸かることはほぼありませんでした。

でも、今晩は渉さんのほうから「寝かしつけは俺がやるから、たまには一人でゆっくり過ごしなよ」と提案してくれたのです。

「気になってた本でも読みながら半身浴しちゃおうかな……。そういえば前に出産祝いでもらったちょっと高めの入浴剤があったはず。あれを入れちゃおう。あっそうだ、もったいなくて使えなかった美容パックも今使っちゃえ！　お風呂から上がったら、全身マッサージもして……」

久しぶりにできた一人の時間を最大限に楽しもうと考えています。「パパ、ありがとう！」と、心のなかで叫んだときです。

「ギャー！」

寝室から大きな泣き声が聞こえてきました。

おかしいなあ……。パパが寝かしつけてくれるって言ってたはずなのに……。もしかして育児疲れによる幻聴かなと玲さんは気にせずパックをつけました。ところがしばらくすると今度は、

「いやなんだってばー！」

と、間違いなく娘の声が聞こえます。

ああ、これはパパが娘の逆鱗に触れてしまったんだな……と思いながらも、娘ももう3歳だし、ちょっとくらい泣いてもパパがなんとか収められるだろうと気にしないようにしていました。

すると、しばらくしてコンコンと、浴室のドアを叩く音が聞こえます。玲さんは嫌な予感がして、ドアを開けずに湯船の中から、

「……どうしたの？」

と、おそるおそる聞きました。

「いや、なんかね、やっぱりママがいいって泣いちゃってさ」

申し訳なさそうな渉さんの声と、すすり泣く娘の声が聞こえます。

「ママがいいって、どういうこと？」

玲さんがそのままの体勢で聞くと、今度は娘が話しだしました。

「あのね、ママはいつも、ねるまえにえほんをよんでくれるでしょ。だから、パパにもよんでっていったの。でも、パパはつかれてるから、よみたくないっていうの。どうしてっていっても、ねたふりされてっ……。だから、ママがいいって、いっちゃったのっ」

声色で玲さんが少し怒っているのを感じ取り、申し訳なく思ったのでしょう。話しているうちに、娘は再び泣きだしてしまいました。

「いや、違うんだよ。今日はさ、営業でしゃべり過ぎて喉が痛くて。それにほら、俺はママみたいに上手に読み聞かせできないじゃん。だから、今日くらい絵本読まなくてもいいじゃないって言ったんだよ」

対する渉さんの苦しい言い訳に、玲さんは大きなため息をつくしかありませんでした。

「5分以内に上がるから、寝室で待ってて」

玲さんは、つけたばかりの美容パックをはがし、大急ぎでパジャマに着替えて寝室へ向かいます。つけようと思っていたボディクリームも、やろうと思っていた全身マッサージも、なにもかも叶いませんでした。

しかし、玲さんが隣に来て安心したのか、娘はすぐに寝息を立てて夢のなかです。その様子を見ていた渉さんは、スマホをいじりながらこう言ったのです。

「やっぱりママがいいんだね～」

玲さんは間髪入れずに、

「あなたがサボる理由を正当化するために私を使わないでよ……」

と、つい言い返してしまいました。

傾向：「やっぱりママがいいんだね」を免罪符にする

パパは本気で「やっぱりママはすごい」と思っているのかもしれません。それでも、ママからすれば「そう言われないように、もっと積極的に育児に関わってよ」と怒りたい気持ちでいっぱいでしょう。

似たようなケースに「やっぱりママじゃないと泣き止まないみたい」と、料理中のママに泣き叫ぶ赤ちゃんを抱かせようとしてくるパパがいます。確かに、おなかがすいておっぱいが飲みたいと泣いているのだとしたら、その役目はママじゃないと果たせないかもしれません。でも、だからといって「俺はママみたいにできないから」は、言い訳にならないのです。

対策：日頃からママの接し方を観察する

では、どうすればいいのか。正解は一つです。ママに頼らなくてもいいように、日頃からママがどうやってあやしているのか、どうやって娘を寝かしつけているのかを知りましょう。それだけ努力をしても、やはり「ママがいい」と言われてしまうかもしれません。そのときには「やっぱりママはすごいね。でも、いつまでもこんな感じだったらママの気が休まらないから、俺一人でも面倒見られるようにもっと頑張るよ」と言えたらすてきです。

一組一組の夫婦に寄り添うために、当院では「脱マニュアル化」を掲げています。十人十色というように、十人のママがいれば十人の考え方があります。

ここで紹介した13組の夫婦の事例は、どの家庭にも起こり得るものだと思います。だからといって、ここに書いてあることをそのとおりに実行したらすべてがうまくいくとも限りません。あるママには喜ばれても、ほかのママには響かない可能性もあるのです。大事なのは、この本の内容を理解したうえで、目の前にいるママとしっかり向き合うことです。「今、何を必要としているのだろう」「今、どんなことを言われたいんだろう」と想像してみることです。そうすれば、それぞれの夫婦に適した答えが自ずと見えてくるでしょう。

正解は、あなたたち夫婦のなかにあるのです。

［第5章］

パパの理解と協力が幸せな家族になるための秘訣

「無関心パパ」からの卒業

当院では、ここ数年で、二人一緒に定期健診に訪れる夫婦が増えたように感じます。数十年前には見られなかった光景で、パパがママの出産について積極的になっているのはとても良い傾向だなとほほえましく感じているのですが、それに伴い、困った光景も見られるようになりました。

それは、待ち合い室での光景です。自分の奥さん以外の妊婦さんが席がなくて立っているのにもかかわらず、パパたちはソファに座って雑誌を読んでいるのです。でも、「椅子はおなかの大きな妊婦さんに譲ってください」という張り紙を壁に掲示するようになってからは、そのような光景を見ることは少なくなりました。

つまり、パパたちは、気づけば行動に移してくれるのです。

妊娠~産後シミュレーション

そこで、当院では「パパママ教室」を開催し、出産のシミュレーションをしたり、人形を使って沐浴の仕方やおむつの替え方を学んだりする場を設けています。

なぜ「ママ」だけではなくあえて「パパママ」と謳っているのかというと、出産も育児も「共同作業」だからです。ママばかりが知識をつけたところで、パパも動けなければ意味がありません。ママも同じゼロからのスタートです。二人で一緒に学んでいってほしいのです。

具体的には、おなかの中で赤ちゃんがどのように育っているのか、妊娠中はどんなことに気をつけて過ごしたらいいのかなど、たくさんのことをお伝えしていますが、なによりも知っていてほしいのは「お産の始まりと一連の流れ」についてです。

「いつ生まれてきてもいいですよ」といわれる37週に入ると、ママのおなかには不規則な30秒程度の張りが感じられることがあります。これは「前駆陣痛」といい「いよいよ本格的な陣痛が始まります」という合図のようなものです。もちろん痛みを感じずに前駆陣痛に気づかない人もいますが、例えば「手をおなかに当てると、周期的に固くなる感じがする」「腰が周期的に痛くなる」といった症状がある場合は、だんだん分娩が近づいていると考えてよいでしょう。

そして、もしもこの痛みが周期的に強くなってくれば、いよいよ本陣痛に突入です。初産婦の場合は10分間隔に、経産婦の場合は15分間隔になれば、病院に連絡しましょう。このときに時間間隔をメモしておけば、病院を受診した際に状況を説明しやすくなります。

また、場合によっては陣痛の前後に「破水」をする人もいます。破水とは赤ちゃんを包んでいる膜が破れて羊水が外へ出ることで、破水もまた「もうすぐ生まれます」というサインでもあります。破水したあとは、赤ちゃんへの感染リスクが増えるので、なるべく早く病院に連絡しましょう。

ただ、一度破水をすると動くたびにチョロチョロと羊水が流れ出てしまうため、公共交通機関を使って来院することが難しくなります。最近では「マタニティタクシー」といって、陣痛がきた妊婦さんを安全運転で病院まで送り届けてくれるサービスを実施するタクシー会社が増えているようです。

事前に登録をしておけば、電話一本で駆けつけてもらえるため、当日になって「タクシーがなかなかつかまらない」「破水をしているから、電車に乗るのは不安だ」と焦る必要がなくなります。パパは、ぜひこうした外部の便利情報を取り入れてみましょう。

ここから出産までのメカニズムはすでに第2章でお伝えしたとおりです。

このように、夫婦そろって妊娠から産後までの流れをシミュレーションするのが「パパママ教室」です。このほか、新生児の沐浴やおむつ交換などの練習を、人形を使ってパパにもやってもらうことで、「二人で子どもを育てるんだ」という気持ちを強くもってもらいます。

パパの最難関？　育児休業の実態

「二人で子どもを育てる」――この思いをより確かなものにするには、やはり男性の育休取得率が上がってくれることを願ってやみません。

育児休業法が成立したのは1991年で、今年で30年目を迎えます。

厚生労働省が発表した「令和元年度雇用均等基本調査」（全国の従業員5人以上の6029事業所のうち3460事業所からの有効回答によるもの）で、2017年10月1日～2018年9月30日の在職中に出産した女性または配偶者が出産した男性のうち、2019年10月

1日までに育児休業を開始した人の割合を調べた結果によると、2019年度の育児休業取得率は、男性が前年度より1・32ポイント増の7・48％でした。少ないと感じるかもしれませんが、この数字は過去最高です。

近年は、女性に負荷が掛かり過ぎているとして、厚生労働省も男性の育休促進に力を入れ始めています。例えば2020年12月に提出された制度の改正案では、女性の負担が最も大きいと考えられる出産直後に男性が休みやすいよう、出産から8週間以内は合わせて4週間の休みを2回に分けて取得できるようにするということが示されていました。また、これまで育休の申請期限は1カ月前までとなっていましたが、原則2週間前までに短縮するという案も出されました。この改正案は2021年2月に閣議決定され、2022年10月から制度のスタートが想定されています。

さらに企業へは育休を取得しやすい環境の整備や従業員への育休制度の周知を義務づけるほか、大企業に対しては従業員の育休取得率の公表を義務づけるとしています。

施行に至るまでにどれほど掛かるかは分かりませんが、国も、男性の育休の大切さに気づき始めているのです。

しかし、実際の現場はどうでしょうか。

日本労働組合総連合会が、未就学の子どもがいる全国の20～59歳の働く男女1000人を対象に行った「男性の育児等家庭的責任に関する意識調査2020」で、次のような結果が公表されました。

男性500人に「育児のために取得したことがある休業・休暇」について尋ねたところ「年次有給休暇」を挙げた人が40・0％と最も多く、育児・介護休業法で定められている「育児休業」を利用した人は13・4％だったのです。一方で、女性500人に同様の質問をしたところ「育児休業」を利用した人は64・4％と圧倒的に多い数字でした。

そこで、育児休業を取得できなかった理由や取得しなかった理由について聞いたところ、全体で「仕事の代替要員がいない」ことを理由に挙げる人が約半数に上ったのです。また、男性のなかには「収入が減るから」（26・1％）、「取得できる雰囲気が職場にないから」（25・6％）といった意見も見られました。

育児休業取得は、法律で定められた要件を満たしていれば、本来、認められるべきものです。ところが制度の周知徹底がされていなかったり、職場自体にそういった風土が根づいていなかったりといった理由から、取得したくてもできない人が多いというのが現実なのです。

どんなに法律が改正されようとも、パパたち自身に「育休を取るぞ！」という確固たる意思がなければ意味がありません。

ちなみに、積水ハウスが２０２０年７月14～22日にかけてインターネットで実施した調査によると、育児休業を取得した男性の約８割が「家事・育児に幸せを感じる」と答えていることが分かっています。

子育ては大変なこともたくさんありますが、夫婦でそれを乗り越えることで、いつか「幸せな経験」へと昇華されるのです。ぜひ、一人でも多くのパパが育休を取ることでそう感じる夫婦が増えてくれることを願っています。

幸せのバトンを子どもへ

第３章では、ママの「産後うつ」は虐待につながりかねないというショッキングなお話をしました。

虐待による傷は、目に見えて分かる体の傷と「心の傷」があります。これは、肉体的な暴行を受けることでも生じますし、「あんたなんか産まなきゃよかった！」などといった言葉を浴びせる、精神的な暴行を受けることでも生じます。厄介なのがこの心の傷は、目には見えないことです。見えないということは、虐待を受けていても周りに気づかれない子がたくさん存在しているということが考えられます。

福井大学で発達支援を専門に研究されている友田明美教授は、虐待や体罰を受けることで、子どもの脳にはどんな影響が及ぶかを研究し続けています。

とある報告書によれば、小児期に性的虐待を受けた若い女性は視覚野の容積が有意に減少していること、小児期に暴言虐待を受けた成人では、聴覚野の容積が増加していること、さらに過度な体罰を受けた成人では、感情や理性をつかさどる右前頭前野内側部、実行機能と関係のある右前帯状回などの容積が減少していることが明らかにされています。

また、夫婦間のＤＶを目撃させる行為が、心理的虐待に当たることが児童虐待防止法でも定義されています。ＤＶには身体的暴力だけでなく、言葉による暴力も含まれ、「言葉による暴力」を受けてきた人のほうが、身体的暴力よりダメージが大きかったという報告もあります。

一度、脳についた傷は修復することはなく、虐待を受けた子どもは大人になってもその影響が消えることはないのです。近年では、幼少期に受けた虐待が学習意欲の低下を引き起こしたり、大人になってからの精神疾患を引き起こしたりする可能性があるという研究結果も報告されています。

また、親の精神状態が子どもにどんな影響を与えるかを検証するために、「Still Face（無表情）実験」というものが実施されています。

この研究では、親が乳児と向かい合ったまま、急に表情や動きを止めて「無」になります。すると、子どももポジティブな感情表出がとたんに減り、逆にネガティブな感情表出が増えるという結果が得られているのです。

さらに3カ月以降の乳児に至っては指しゃぶりなどが増え、親の注意を自分に引こうとしてほほえんだり、声を出したりといった行動が見られました。

実験は短時間でしたが、この結果から、親が悲しそうにしていたり怒っていたりすると、子どもは瞬時に感じ取り、そして行動に表れるということが明らかになりました。親の精神状態が子どもにまで影響するということを考えると、やはり産後うつは一刻も早く解消しなければならないと実感します。

「虐待の連鎖」という言葉をご存知でしょうか。

虐待をされて育った子どもは、虐待を繰り返すというものです。一説によると、その確率は約3割だともいわれています。

子どもは、親を見て育ちます。

日常的に暴力を受けたり、愛情を掛けられなかったりして大きくなった子どもにとっては、それが「当たり前」です。だから、自分の子どもに同じことをしてしまう場合があるのです。もちろん、成長段階で「これはおかしいことなんだ」と気づき、意識を変えようと努力をしてきた人もたくさんいます。それでもやはり、親の今の行動が、子どもの未来につながっていることは確かです。

しかし、その逆も事実です。

親からたくさんの愛情を受けて、幸せな家庭で育った子どもは、自分の子どもにも同じように愛情を掛ける。そうして育った子どもは、また次の子どもに同じようにするでしょう。

私は「虐待の連鎖」ではなく「幸せの連鎖」をつくっていってほしいと心から願っています。そのためにパパができることは、なによりママを大切にすることです。大切にされていると実感できるママは、子どものことも大切に育てるでしょう。もちろん、パパに対しても同じ愛情を返そうとするはずです。こうした連鎖が、子どもの幸せを、ひいては家族の幸せをつくるのです。

初めは小さな一歩でかまいません。

その一歩が、きっと未来を変えるはずです。

おわりに

私が出産をした頃は、世の中にはまだ「産後うつ」という言葉は存在しませんでした。おそらく、明るみに出なかっただけで、出産を機に心を病んでしまう人は昔もいたのでしょう。それでもやはり、今ほどではなかったと思います。

昭和から平成、そして令和へと時代は移り変わり、少子化や共働きの増加など、その都度パパとママを取り巻く環境も大きく変化しています。今の日本の状況で、仕事も育児も家事も、一人で全部完璧にしようなんて頑張っていたら、壊れてしまうでしょう。

だからこそ、家族で「子育て」するのです。そのためにもパパには「変わる勇気」が必要なのです。

「男だから分からない」

そんな大義名分は捨ててしまいましょう。

男だから分からない、ではなく男性だからこそ分かることがあるはず。もちろん理解しようとするある程度の努力も必要です。

「パパはどんなに頑張ってもママには勝てない」

そんなことは決してありません。家族のなかに勝ち負けは存在しません。パパが頑張った結果は、必ず家族にとってプラスになります。

「子どもはやっぱりママがいちばん」

こんな言葉でママの首を絞め続けるのもやめましょう。子どもにはパパもママもいちばんです。決して比べられるものではありません。

近年、NHKの情報番組「あさイチ」が報じた「産後クライシス」という言葉が注目を集めています。産後うつなどが原因で、夫婦仲に影響を及ぼすことをいい、子どもが2歳になるまでの間に最も離婚率が高いのも「産後クライシス」が理由ではないかという見方もあります。

こうした話をする際は、どうしても女性のホルモン問題に触れないわけにはいかず、そうすると男性のほうからは「ホルモンのせいだと言えばすべて許されると思うな」といった批判が挙がってくることがあります。おっしゃるとおり、ホルモンに振り回される男性からすれば「いい迷惑」なのかもしれません。

ただ、私が言いたいのは、解決策をすぐに見つけるのではなく「今のママはホルモンの影響でいつもの状態ではないんだ」と、理解しておいてほしいということなのです。理解が深まれば、きっと見方や接し方、考え方が変わるでしょう。そのためにも、妊娠・出産で起きるママの変化を知ってほしいのです。


パパの皆さん。本書には、耳の痛い内容がたくさん書かれていて、読むのが大変だったことでしょう。時には「さすがにここまでひどくないよ」と思うことも書かれていたかもしれません。それでも、私は伝えたかったのです。産後のママを笑顔にできるのは、理解あるパパの存在だということを。パパの言動や行動は、良くも悪くも、想像よりずっと大きくママに響きます。それほど、ママにとってパパの存在は重要なのです。

雪国でよく使われる「根雪《ねゆき》」という言葉があります。

雪は、数日もすれば解けていきます。しかし、解ける前にさらに新たな雪が降り、どんどん上に積もっていくと、下のほうにあった雪は、氷のように固まってしまうのです。これを「根雪」といい、こうなってしまうと普通の雪かきでは太刀打ちできません。あの手この手を尽くしてもなかなか解けず、最終的には自然に解けていくのを待つしかないのです。

これは、夫婦関係にもいえることではないでしょうか。

パパやママのモヤモヤが解消されないままに新たな問題が降り掛かってくると、そのモヤモヤは消えることがなく、ずっと蓄積されていきます。これが本当の雪なら、多少時間はかかるものの、放置すればいずれは解決するでしょう。しかし、夫婦関係はそうはいきません。「時間が解決してくれるだろう」と思っていたら、気づいたときには産後うつが悪化し、産後クライシスや虐待、そして、最悪の結果を引き起こしてしまうのです。

そうならないために、私はこれからも「産後ケアリスト」として、ママの声に耳を傾けていきたいと思っています。でもそれは、あくまでもサポートであり、主役はそれぞれの家族です。

雪が解けたあとには、春がやってきます。

パパとママ、そしてかわいいベビーの間に、末永く温かな春の日差しが降り注ぐようにと願っています。

最後になりましたが、本書を作るにあたり、たくさんの協力をしてくださったご夫婦の皆さまに、そして執筆にあたり多大なご支援をいただいた皆さまに、心より御礼申し上げます。

また、産婦人科医でもあり、そして子をもつ母親としてたくさんの壁を経験してきた娘の川村明緒にも感謝の意を表したいと思います。医学的な見解にあたっては、多くの助言をもらうことができ、本当に助けられました。

そしてなにより、今回「本を執筆しよう」と思うきっかけを与えてくれたのは、今、まさに育児に奮闘しているたくさんのママたちの存在です。ママたちは本当に毎日よく頑張っています。そんなママを一人でも多く救うためには、パパにメッセージを送ることが早道であると思ったのです。ひいては、それが愛する子どもの幸せにもつながるのです。どうか、子どもを育てる喜びも大変さも、すべて夫婦で分かち合えますように。どうか、一つでも多くの家庭が幸せな日々を送れますように。本書が家族の笑顔を増やすのにお役に立てたら幸いです。

最後に、当院の合言葉で締めくくらせていただきます。

ママがハッピーなら、ベビーは幸せ。
そしてパパも!!

【著者】

川村美星（かわむら　みほし）

医療法人仁愛会　川村産婦人科　理事
産後ケアセンター長

1953年に開院した医療法人仁愛会　川村産婦人科の理事を務め、初代院長を父にもつ。これまで産前産後のママたちを心身ともにサポートしてきた。また、家庭裁判所の調停委員として、さまざまな家庭内トラブルの解決に関わり、傾聴の大切さについて学びを得た。近年の産後うつの増加を目の当たりにして、一般社団法人日本産後ケア協会認定1級産後ケアリスト資格を取得。産後ケアをさらに充実させることを決意し、院内に産後ケアセンターを開設する。京都市スマイルママ・ホッと事業とも連携し、地域に密着したネットワーク作りにも取り組んでいる。京都新聞マイベストプロ掲載。
一般社団法人日本産後ケア協会認定1級産後ケアリスト

【監修】

川村明緒（かわむら　あけお）

医療法人仁愛会　川村産婦人科　医師

2010年京都府立医科大学卒業後、京都大学医学部附属病院、三菱京都病院にて研鑽を積み、その後、祖父の代から三代続く、医療法人仁愛会　川村産婦人科に入職。母であり産後ケアリストの川村美星とともに産後ケアセンターを立ち上げる。また出産時だけでなく、思春期から更年期などさまざまな年齢の女性のトータルヘルスケアに関わる。自身も2児の母。
産婦人科専門医、母体保護法指定医、女性ヘルスケアアドバイザープログラム修了、新生児蘇生法講習会A認定、日本産科婦人科遺伝診療学会認定（周産期）

パパになる前に知っておくべき 11のこと

二〇二一年 六月二九日 第一刷発行
二〇二四年 一二月一六日 第四刷発行

著 者 川村美星
監 修 川村明緒
発行人 久保田貴幸
発行元 株式会社 幻冬舎メディアコンサルティング
〒一五一-〇〇五一 東京都渋谷区千駄ヶ谷四-九-七
電話 〇三-五四一一-六四四〇(編集)
発売元 株式会社 幻冬舎
〒一五一-〇〇五一 東京都渋谷区千駄ヶ谷四-九-七
電話 〇三-五四一一-六二二二(営業)
印刷・製本 シナノ書籍印刷株式会社
装 丁 立石 愛

検印廃止

Printed in Japan ISBN 978-4-344-93133-6 C0095
幻冬舎メディアコンサルティングＨＰ https://www.gentosha-mc.com/

本書についての
ご意見・ご感想はコチラ